POLYGLOTT

USA
DER OSTEN
ON TOUR

DER AUTOR

KEN CHOWANETZ

hat vor 30 Jahren sein Herz an Amerika verloren. Seitdem reist der Redakteur einer deutschen Tageszeitung, so oft er kann, in die Vereinigten Staaten. Über sein Traumziel berichtete er in Wort und Bild für unterschiedliche Zeitungen, Zeitschriften und in Reiseführern. Bei POLYGLOTT sind von ihm auch die Bände »New York«, »New York zu Fuß entdecken« und »Wien zu Fuß entdecken« erschienen.

Unser E-Book-Code zur elektronischen Erweiterung des POLYGLOTT on tour. Das kostenlose E-Book enthält die im Reiseführer aufgeführten Adressen entlang der Touren, beispielsweise zu Essen und Trinken, Shoppen, Aktivitäten und Hotel-Tipps. Links auf einen externen Kartendienst vereinfachen das Auffinden dieser Adressen.

WWW.POLYGLOTT.DE

SEITENBLICK

ERSTKLASSIG

ALLGEMEINE KARTEN

REGIONEN-KARTEN

STADTPLÄNE

SYMBOLE ALLGEMEIN

Erstklassig: Besondere Tipps der Autoren

Seitenblick: Spannende Anekdoten zum Reiseziel

12 Top-Highlights und

Highlights der Destination

TOUR-SYMBOLE

- 1 Die POLYGLOTT-Touren
- 6 Stationen einer Tour
- A1 Die Koordinate verweist auf die Platzierung in der Faltkarte
- a1 Platzierung Rückseite Faltkarte

PREIS-SYMBOLE

	Hotel (Doppelzimmer)	Restaurant (Menü)
€	bis 110 US-$	bis 25 US-$
€€	110 bis 240 US-$	25 bis 60 US-$
€€€	über 240 US-$	über 60 US-$

Perfekte Planung > Parallel vordere Klappe aufschlagen

TOP-12-HIGHLIGHTS

1. STATUE OF LIBERTY, NEW YORK CITY > S. 60
2. KAPITOL, WASHINGTON D.C. > S. 73
3. FREEDOM TRAIL, BOSTON > S. 83
4. HANCOCK SHAKER VILLAGE, PITTSFIELD > S. 90
5. ART INSTITUTE OF CHICAGO > S. 96
6. NIAGARA FALLS > S. 100
7. EVERGLADES NATIONAL PARK > S. 114
8. WALT DISNEY WORLD, ORLANDO > S. 117
9. FRENCH QUARTER, NEW ORLEANS > S. 128
10. JACK DANIEL'S DISTILLERY, LYNCHBURG > S. 137
11. MARTIN LUTHER KING JR. N.H.S., ATLANTA > S. 138
12. SAVANNAH > S. 141

ZEICHENERKLÄRUNG DER KARTEN

- beschriebene Region (Seite=Kapitelanfang)
- 10 E h Sehenswürdigkeiten
- 4 Tourenvorschlag
- Autobahn
- Schnellstraße
- Hauptstraße
- sonstige Straßen
- Fußgängerzone
- Eisenbahn
- Staatsgrenze
- Landesgrenze
- Nationalparkgrenze

Buntes Lifeguard-Häuschen am Strand von South Beach, Miami Beach

TYPISCH

DER OSTEN DER USA IST EINE REISE WERT!

»This Land is Your Land« heißt es im berühmten Folksong von Woodie Guthrie. Nehmen Sie die Einladung an. Im Osten der USA können Sie sich auf einen kontrastreichen Urlaub freuen, der auch zu einer spannenden Reise in die Gründerjahre der Vereinigten Staaten wird.

KEN CHOWANETZ
Der Autor hat vor 30 Jahren sein Herz an Amerika verloren. Seitdem reist der Redakteur einer deutschen Tageszeitung, so oft er kann, in die USA. Über sein Traumziel berichtete er in Wort und Bild für unterschiedliche Zeitungen, Zeitschriften und in Reiseführern. Bei POLYGLOTT ist von ihm u. a. der Band »New York« erschienen.

Da gibt es die Geschichte vom USA-Urlauber, dem die Oktoberkühle in Boston gar nicht gefällt, weshalb er seine Neuengland-Reisepläne über den Haufen wirft und sich entscheidet, ins sonnige Florida zu fahren – kann ja nicht so weit sein. 24 Fahrtstunden später muss er jedoch feststellen, wie riesig die Distanzen sind, die auf der Karte doch so überschaubar aussahen

Der Appalachian Trail, hier in New Hampshire, verläuft über 3500 km von Maine bis Georgia

– die Episode spielt in den 1990er-Jahren, als Internet (und damit Routenplaner) oder GPS noch in den Kinderschuhen steckten. Seitdem sind für unseren Roadmovie-Hauptdarsteller wider Willen die Vereinigten Staaten nicht nur das Land der unbegrenzten Möglichkeiten, sondern auch der unbegrenzten Entfernungen.

Das Cape Florida Lighthouse auf dem Miami vorgelagerten Key Biscayne

Die Authentizität dieser Anekdote ist verbürgt, denn der unvorbereitete Florida-Reisende war ich. Ob ich den 2500-Kilometer-Trip von Boston nach Miami bereut habe? Im Gegenteil! Er nährte meine Begeisterung für das faszinierende und abwechslungsreiche Land auf der anderen Seite des Atlantiks. Mein Aufenthalt in Miami währte nicht lange. Unbedingt wollte ich die gefahrene Strecke noch einmal erleben, diesmal quasi in Zeitlupe mit Stopps in Städten und Regionen, die jede für sich eine eigene Reise wert sind. Allein ein eng zusammenliegendes Metropolentrio wie New York, Philadelphia und Washington findet man auf der Welt so kein zweites Mal. Der »Big Apple« als Sehnsuchtsprojektion früher von Einwanderern, heute von Touristen aus aller Welt, Philadelphia als Wiege der Vereinigten Staaten von Amerika und Washington als Zentrum der größten Supermacht weltweit – schon das ist ganz großes Kino! Und dann die Gegensätze: In New York kann man mit der U-Bahn zum 3500 km langen Fernwanderweg Appalachian Trail fahren, der zum Teil meilenlang durch einsamste Gegenden führt. Und von Philadelphia ist in nur einer Autostunde Lancaster County zu erreichen, wo die Technik ablehnenden Amischen leben wie vor 200 Jahren.

Für mich übte und übt die Region, in der das begann, was heute Vereinigte Staaten heißt, eine stete Faszination aus. Wie die Siedler früherer Zeiten wurde aber auch ich schnell neugierig auf das, was es weiter westlich zu entdecken gibt. Eine Tour durch die Südstaaten, eine Reise an die Großen Seen, ein Trip auf den ersten Meilen der legendären Route 66, ein ungläubiges Staunen hervorrufender Besuch der Niagarafälle, eine Fahrt entlang des »Ol' Man River«, des mächtigen Mississippi, mit Übernachtungen in prächtigen Herrschaftshäusern, ein Actionaufenthalt in Orlando, der unbestrittenen Welthauptstadt der Vergnügungsparks – das Menü, aus dem der Reisende im Osten der USA auswählen kann, lieferte Anregungen für ein Dutzend Urlaube.

Jeder einzelne davon bietet so viele Impressionen, dass man gut daran tut, zwischendurch einfach mal die Seele baumeln zu lassen. Optionen hierfür gibt es mehr als genug: Strände der Ostküste und am Golf von Mexiko bringen es Jahr für Jahr in die Top-Ten-Liste des Strandpapstes Dr. Stephen P. Leatherman alias »Dr. Beach«, Erholung garantiert ebenso ein Aufenthalt in den idyllischen Berkshire Hills in Massachusetts oder – auch das gibt es im Binnenland – den Dünenlandschaften von Michigan.

Wenn Sie nach Ihrer Rückkehr gefragt werden, was Ihnen auf Ihrer Reise am besten gefallen hat, und Sie nicht sofort eine Antwort geben können, sind Sie damit nicht allein. Auch ich tue mich – selbst nach vielen Besuchen im Osten der USA – schwer, einen Höhepunkt meiner Reisen zu benennen. Der Blick vom Empire State Building auf New York? Ein Besuch beim King of Rock 'n' Roll (Elvis Presley, wer sonst) in Memphis? Die farbenprächtigen Wälder Neuenglands beim Indian Summer? Das Genießen der Südstaatenküche und der nicht umsonst legendären Gastfreundschaft? Für mich ist es die Vielfalt, die der Osten der USA zu bieten hat und die niemals zu enden scheint. Und wenn ich jetzt doch eine absolute Nummer 1 nennen soll? Dann ist es in Key West der Spaziergang über die Duval Street vom Atlantik zum Golf von Mexiko mit anschließender Einkehr in Sloppy Joe's, der Stammkneipe von Ernest Hemingway. Aber dieser Spitzenreiter kann schon bei meiner nächsten Reise in den Osten der USA vom Thron gestoßen werden. Ziemlich sicher sogar.

Rummel auf dem Boardwalk der Kasino- und Strandstadt Atlantic City, New Jersey

WAS STECKT DAHINTER?

Die kleinen Geheimnisse sind oftmals die spannendsten. Hier werden die Geschichten hinter den Kulissen erzählt.

WAS HAT ES MIT DER CONCH REPUBLIC AUF SICH?

Weil auf dem Overseas Highway 1 kurz vor Key West eine Kontrollstelle der Bundesregierung eingerichtet wurde und die anreisenden Touristen deshalb stundenlang im Stau standen, erklärte sich die Insel am 23. April 1982 für unabhängig von den USA und rief die Conch Republic aus. Die junge Republik erklärte den Vereinigten Staaten den Krieg, kapitulierte eine Minute später bedingungslos und forderte eine Milliarde Dollar für den Wiederaufbau. Washington nahm die Satireaktion mit Humor und baute die Kontrollstelle wieder ab. Key West feiert seitdem seinen »Unabhängigkeitstag«.

WARUM GIBT ES IN ATLANTIC CITY RIKSCHAS?

Mit Rikschas können sich Touristen für ein paar Dollar den kilometerlangen Boardwalk von Atlantic City entlangfahren lassen, und das schon seit 1876. Seinerzeit führte der Geschäftsmann William Hayden die ersten Exemplare ein. Sie waren Rollstühlen nachgebildet und durften deshalb – anders als alle anderen Gefährte wie etwa Kutschen – auf dem Boardwalk unterwegs sein. Die Zahl der »Gehbehinderten«, die unbedingt die Dienste eines Rikschafahrers in Anspruch nehmen mussten, schoss daraufhin in die Höhe.

WARUM GIBT ES IN DER JACK-DANIEL'S-STADT KEINEN WHISKEY?

Als Überbleibsel der Prohibition 1919–1933, sind bis heute in Dutzenden »Dry Countys« und »Dry Towns« v. a. im Südosten und Süden der USA Verkauf, Ausschank und z. T. sogar der Transport von Alkohol verboten. So kommt es auch zur skurrilen Situation, dass im »trockenen« Lynchburg/Tennessee, der Heimat des Whiskeys Jack Daniel's, in den Restaurants und Bars nichts Hochprozentiges ausgeschenkt werden darf, auch wenn es Lokale mit Namen wie »Whiskey Runners Restaurant« gibt. Immerhin: Die Destillerie selbst hat eine Ausnahmegenehmigung zum Verkauf ihrer berühmten Tennessee-Whiskeys – nur nicht an Sonntagen.

WARUM HEISST DIE CHICAGOER HOCHBAHN »L«?

Bei der »L« in Chicago zeigt sich, wie weit der amerikanische Abkürzungswahn führen kann. Ursprünglich hieß die bereits ab 1888 auf einem ersten Streckenabschnitt verkehrende Hochbahn »Chicago Elevated Railroad«. Erst fiel das »Railroad« weg, dann das »Chicago«. »Elevated« war aber auch noch zu lang und wurde zu »El«. Das wiederum klingt wie »L«, wodurch der heutige Name entstand.

50 DINGE, DIE SIE ...

Hier wird entdeckt, probiert, gestaunt, Urlaubserinnerungen werden gesammelt und Fettnäpfe clever umgangen. Diese Tipps machen Lust auf mehr und lassen Sie die ganz typischen Seiten erleben. Viel Spaß dabei!

... ERLEBEN SOLLTEN

1 Von Meer zu Meer Die Duval Street › S. 116 in Key West ist nur eine Meile lang, auf ihr flaniert man aber vom Atlantik zum Golf von Mexiko – besonders stimmungsvoll zu Sonnenuntergang.

2 Unterwasserpark Im John Pennecamp Coral Reef State Park bei Key Largo › S. 112 bekommen Sie womöglich nasse Füße. Vom Visitor Center werden herrliche Schnorchel-, Tauch- und Glasbodenboot-Ausflüge angeboten (US 1, Milemarker 102,5, www.pennekamppark.com).

3 Musikstar für zwei Minuten Die herrlich altmodische Aufnahmekabine in den Third Man Studios von Jack White in Nashville › S. 136 ist immer noch in Betrieb. Für eine Handvoll Dollar kann hier jeder eine Schallplatte aufnehmen und gleich mitnehmen (623 7th Ave. S., www.thirdmanrecords.com).

4 Mit gehissten Segeln Vor Annapolis kann man schöne Segeltörns mit den über 20 m langen Zweimastern von Schooner Woodwind › S. 32 samt Crew unternehmen (Mitte April–Okt., 2-Std. am Tag 43 $, zu Sonnenuntergang 46 $).

5 Tour d'Architektur Eine gute Möglichkeit, Chicagos spektakuläre Architektur kennenzulernen, bieten geführte Bootstouren der Chicago Architecture Foundation auf dem Chicago River entlang der Skyline › S. 94 (Buchung Tel. 312-902-1500, www.architecture.org; Start südöstl. Michigan Ave. Bridge c3). Führungen auch per Bus, Fahrrad und zu Fuß.

6 Coasterrennen Cedar Point F6 in Sandusky/Ohio nennt sich »Achterbahn-Welthauptstadt«. Da mag etwas dran sein: Wohl nirgends gibt es mehr und atemberaubendere *roller coaster*, bei »Gemini« fahren sie sogar um die Wette (1 Cedar Point Dr., www.cedarpoint.com; April–Nov.).

7 Niagarafälle intensiv Nicht umsonst bekommt man im Cave of the Winds Complex Regenponchos, wenn man über Holzstege bis zum Hurricane Deck absteigt und die tosenden Wassermassen der American Falls › S. 100 hautnah erlebt.

8 Echsentour Vom Royal Palm Visitor Center im Everglades National Park › S. 114 führt der Anhinga Trail 1,2 km über Planken in die Sümpfe – mit guten Chancen, Alligatoren aus der Nähe zu sehen (SR 9336 westl. Florida City, www.nps.gov/ever).

Holzstege führen direkt an die Amercian Falls ran – ein feuchtes Vergnügen

9 Auf Spuren der Native Americans Eine Kanufahrt auf dem Black Creek birgt eine gehörige Portion Romantik. Black Creek Canoe Rental > S. 32 vermietet Boote und bietet auch geführte Paddeltrips an – als guten Einstieg etwa von Big Creek nach Brooklyn (3 Std., 8 km, 35 $).

10 Tee gehört ins Wasser Im Boston Tea Party Museum > S. 84 begibt man sich auf den Weg in die amerikanische Unabhängigkeit: Man begegnet »Revolutionären« von 1773, wirft Teekisten von Bord des Seglers Beaver II, macht eine dreidimensionale Zeitreise und trinkt abschließend stilvoll Tee bei »Abigail«.

11 Eine Nacht im Spukhaus Im Logan Inn J5 in New Hope/Pennsylvania spukt es angeblich. Wagemutige übernachten im berüchtigten Zimmer Nr. 6 (10 W. Ferry St., Tel. 215-862-2300, www.loganinn.com). Kein Wunder, dass das Inn Station einer Geistertour durch das Städtchen ist (Tel. 215-3481598, www.ghosttoursofnewhope.com).

... PROBIEREN SOLLTEN

12 Sexy Kuchen Die Girls aus »Sex and the City« waren Stammkunden bei der Magnolia Bakery b4. Auch dank der TV-Werbung und wegen der köstlichen *cupcakes* stehen sich New Yorker und Touristen die Beine in den Bauch (401 Bleecker St. W./11th St., weitere Filialen: www.magnoliabakery.com).

13 Lobster auf die Hand In Neuengland ist Hummer quasi »Fastfood«. In Imbissbuden *(shacks)* gibt es die Spezialitäten als *lobster roll* auf die Hand. In-Top-Ten-Listen stets weit vorn dabei: Brown's Lobster Pound L3 in Seabrook/New Hampshire (407 NH Hwy. 286, Tel. 603-474-3331, www.brownslobsterpound.com).

14 Kulteis Bei Ben & Jerry's klingen Eissorten wie »Karamel Sutra« oder »Cherry Garcia« schon verführerisch – und der Geschmack erst: sensationell! Wenn Sie in Vermont sind, probieren Sie's doch im Hauptquartier in Waterbury K4 und nehmen Sie an der Fabriktour teil (1281 Waterbury-Stowe Rd., Route 100, Tel. 866-258-6877, www.benjerry.com).

15 Alles muss rein Eine komplette Zutatenliste für das deftige Südstaatengericht *gumbo* hat wohl nur der Koch oder die Köchin. Das Resultat, ein angedickter Eintopf, schmeckt aber. Im Galatoire's > S. 132 in New Orleans wird nach einhelliger Meinung seit über 110 Jahren fantastisches Gumbo serviert.

16 US-Käsekuchen Eigentlich gehört *cheesecake* ja nach New York. Die grandiosesten Kreationen wie »White Chocolate Caramel Macadamia Nut« verkauft aber die Kette Cheesecake Factory, u.a. in Washington, D.C. J7 (5345 Wisconsin Ave. N.W., weitere Filialen: www.thecheesecakefactory.com).

17 Peters Steaks Auf der Liste der besten Steakhäuser der USA steht Peter Luger K5 in New York ganz weit oben (178 Broadway, Brooklyn, Tel. 718-387-7400, www.peterluger.com). Ihr einzigartiges Aroma verdanken die Steaks dem *dry-aging*: mehr-

Peter Luger's Steak House in Brooklyn ist eine New Yorker Institution

wöchiger Trockenreifung des Rindfleischs am Knochen.

18 Venusmuschelsuppe Ost- und Westküste rivalisieren, wer die beste *clam chowder* zubereitet. Wäre die sämige Muschelsuppe überall so köstlich wie im Old Ebbitt Grill b1 in Washington, D.C., wäre der Disput schnell beendet (675 15th St. N.W., Tel. 202-347-4800, www.ebbitt.com).

19 Duell der Giganten Philadelphias wohl berühmteste Spezialität ist das *cheesesteak*, ein mit Steakfleisch und Schmelzkäse gefülltes längliches Brötchen. Die Platzhirsche Pat's King of Steak und Geno's J6 stehen sich direkt gegenüber und lenken mit Lichtinstallationen vom jeweiligen Konkurrenten ab. Prima schmeckt's bei beiden (9th St./Passyunk Ave. bzw. 1219 9th St.).

20 Barbecue-Original Einer der vier großen *barbecue styles* in den USA ist der Memphis Style, bei dem das (Schweine-)Fleisch, eingerieben mit Salz und Gewürzen oder mit einer Soße bedeckt, bis zu 14 Stunden lang gegart wird. Zur Perfektion hat es Central BBQ C10 gebracht (2249 Central Ave, drei weitere Filialen, www.cbqmemphis.com).

21 Ur-Hamburger Wenn Sie in New Haven/Connecticut sind, gönnen Sie sich einen Hamburger bei Louis' Lunch K4. Das Restaurant will vor mehr als 100 Jahren das Fleischklops-Sandwich erfunden haben. Widerspruchsfrei ist dies trotz der Anerkennung durch die

Vorbereitung des Originals – Louis' Lunch soll die Wiege des Hamburgers sein

Library of Congress zwar nicht – aber egal (261–263 Crown St., Tel. 203-562-5507, www.louislunch.com).

22 Griechisch am Golf Tarpon Springs bei Clearwater war einst Ziel hellenischer Schwammtaucher. Heute findet man am Hafen eine Unmenge griechischer Lokale, das Hellas Restaurant and Bakery G14 rühmt sich, das beste und größte Gyros zu servieren (785 Dodecanese Blvd., Tel. 727-943-2400, www.hellasbakery.com). Probieren Sie!

23 Chili Dogs The Varsity › S. 140 in Atlanta ist bekannt für seine Hot Dogs und Burger, verfeinert mit hauseigenem Chili. In dem Mega-Drive-in wird ein Hamburger mit Salat, Tomate und Mayonnaise zum »Sally Rand Through the Garden«, ein Kaffee mit Milch zum »Joe Ree«.

... BESTAUNEN SOLLTEN

24 Gelbe Comicwelt In den Universal Studios Orlando › S. 118 wurde Springfield, Heimat der gelben Comicfamilie The Simpsons, nachgebaut. In Moe's Tavern, The Frying Dutchman, Krustyland etc. taucht man ein in die Zeichentrickserie.

25 Rekordhalter Fast zwei Jahrzehnte nach »9/11« erhebt sich an der Stelle der Zwillingstürme das One World Trade Center › S. 63. Mit symbolträchtigen 1776 Fuß (1776 = Jahr der amerikanischen Unabhängigkeit) ist der imposante Bau der höchste Wolkenkratzer der USA.

26 Sehen und gesehen werden Sichern Sie sich abends einen Platz am Ocean Drive › S. 113 in Miami Beach. Zwischen Strand und Art-déco-Hotels nutzt die Szene den Boulevard für Selbstinszenierungen.

Bei der Mardi-Gras-Parade in New Orleans

27 Mit dem Auto zu den Wellen Die Amerikaner trennen sich ungern von ihrem Auto; in Daytona Beach › S. 120 dürfen sie damit große Strandabschnitte befahren. Eine skurrile Autoschau im weißen Sand.

28 Monumental-Dalí Das Dalí Museum › S. 121 in St. Petersburg besitzt die weltgrößte Sammlung des Surrealisten, darunter Monumentalgemälde wie »Die Entdeckung Amerikas durch Christoph Kolumbus«. Nehmen Sie sich Zeit zur Betrachtung des 4,10 m × 2,90 m großen düsteren Meisterwerks.

29 Indian Summer In den Berkshires genießen Sie die herbstliche Farbenpracht der bewaldeten Hügel im westlichen Massachusetts. Ideale Unterkunft, um hier die Seele baumeln zu lassen, ist das nostalgische Red Lion Inn in Stockbridge › S. 90.

30 Fetter Dienstag Vor und an Mardi Gras › S. 130 (Faschingsdienstag) ziehen als Karnevalshöhepunkt prächtige Paraden durch New Orleans. Tolle Aussichten auf das Treiben im French Quarter hat man von einem Hotel- oder Restaurantbalkon in der Bourbon Street (reservieren!).

31 Himmel-Fahrt Absolut spektakulär ist die Aussicht vom Skydeck im 103. Stock des Willis Tower › S. 95 in Chicago, für Schwindelfreie auch von »The Ledge« – 1,30 m herausragenden Erkern mit Glasboden. Der Lift braucht für die Auffahrt 45 Sekunden (= 28,8 km/h).

Der Lookout Mountain oberhalb von Cattanooga bietet herrliche Südstaaten-Panoramen

32 Sieben auf einen Streich Schon die steile Auffahrt mit der Incline Railway von Chattanooga auf den Lookout Mountain › S. 137 ist abenteuerlich. Oben an der Bergstation eröffnet sich dem Besucher bei gutem Wetter ein Panorama über sieben US-Bundesstaaten.

33 Mammutrakete Im Kennedy Space Center › S. 120 in Cape Canaveral ist eine Saturn-V-Mondrakete zu bestaunen. Das größte Objekt, das der Mensch je ins All (und bis zum Mond) geschossen hat, misst 111 Meter – gigantisch!

34 Wie im Kino Wundern Sie sich nicht, wenn ständig Leute die 72 Stufen der Treppe zum Philadelphia Museum of Art › S. 71 hinaufrennen und sich dabei filmen lassen. Die Szene aus dem Boxerfilm »Rocky« mit Sylvester Stallone ist legendär. Und jetzt Sie!

… MIT NACH HAUSE NEHMEN SOLLTEN

35 Wahrzeichen aus 77 Teilen Das Empire State Building en miniature? Langweilig! Wie wäre es aber mit einem Lego-Bausatz des Wahrzeichens? Den kauft man natürlich im New Yorker Lego Store im Rockefeller Center › S. 65 (620 5th Ave./50th St., Tel. 212-245-5973).

36 Süßes mit Salz Der Legende nach »erfand« David Bradley, ein Süßwarenladenbesitzer in Atlantic City, Salt Water Taffys, als sein Geschäft 1883 vom Atlantik überflutet war. Heute sind die mit Meersalz verfeinerten Toffees beliebte Mitbringsel, z. B. von James Candy Company **K6** (1519 Boardwalk, www.jamescandy.com).

37 Kult-Straßenschild Ein dekoratives Blechschild der historischen Route 66 an der heimischen Wand weckt das Fernweh. Solche »Mother Road«-Accessoires mit Kultcharakter bekommen Sie z. B. in der Route 66 Association Hall of Fame in Pontiac/Illinois › S. 104.

38 Konkurrenz für die Kanadier Funks Grove › S. 105 produziert einen Ahornsirup, den viele für den köstlichsten der Welt halten. Wenn Sie Liebhaber der süßen Soße und in der Nähe von Shirley/Illinois sind, lohnt ein Einkaufsstopp.

39 Mae Wests Kurven Ihnen soll die legendäre Coca-Cola-Flasche nachempfunden gewesen sein. In Atlantas World of Coca Cola › S. 138 gibt es die berühmte Brause noch derart abgefüllt zu kaufen, versehen mit unzähligen verschiedenen Etiketten, z. B. mit »Stars and Stripes«.

40 Weltraum-Aufnäher *Patches,* auf denen NASA-Weltraummissionen mit den Astronauten verewigt sind, veredeln jede Jeansjacke – v. a. jenes zur ersten Mondlandung 1969; erhältlich im Space Shop des Kennedy Space Center › S. 119.

Original Route-66-Schild – eine Kopie davon ist ein schönes Mitbringsel

41 Poppiges Wer denkt, Popcorn gäbe es nur süß oder salzig, war noch nicht bei Popcorn Haven in Atlanta. Dort kann man unter ca. 250 Sorten wählen und seinen Snack in hübschen Dosen mitnehmen (z. B. Peachtree St. NE. F11, www.popcornhaven.com).

42 »We hold these truths to be self-evident...« Ein Faksimile der amerikanischen Unabhängigkeitserklärung von 1776, am besten in Postergröße, macht sich im heimischen Wohnzimmer gut, erhältlich z. B. im Store des Independence Visitor Center in Philadelphia › S. 70.

... BLEIBEN LASSEN SOLLTEN

43 Pass im Hotel lassen Wer seinen Pass nicht mitführt, bekommt evtl. Schwierigkeiten. Beim Abholen vorbestellter Tickets wird ebenso nach der »I. D.« gefragt wie bei manchen Top-Sehenswürdigkeiten.

44 Einfach hinsetzen Auch wenn ein Lokal gähnend leer ist, den Tisch weist der *host* oder die *hostess* zu. »Wait to be seated« heißt das Prinzip, bei dem der Gast im Eingangsbereich wartet › S. 49. Natürlich darf man Platzwünsche äußern.

45 Beim »tip« knausern In den USA ist Trinkgeld nicht nur Anerkennung, sondern Bestandteil des Einkommens. Im Restaurant z. B. sind 15 bis 18 % Aufschlag auf die Nettorechnung quasi Pflicht › S. 49.

46 Alkohol in der Öffentlichkeit Den romantischen Sonnenuntergang bestaunen und dabei ein Glas Wein genießen funktioniert nur in Hotel, Restaurant oder Bar. Alkoholgenuss in der Öffentlichkeit oder gar im Auto ist verboten › S. 152.

47 Topless Wenn Frau in den USA, egal ob in der Strandeinsamkeit oder in den Tourismushochburgen, auf das Bikinioberteil verzichtet, riskiert sie großen Ärger. Selbst wenn kleinste Kinder nackt herumlaufen, kann dies zum Stein des Anstoßes werden.

48 Tempolimits ignorieren Nehmen Sie Geschwindigkeitsbegrenzungen › S. 27 nicht auf die leichte Schulter. Schon bei geringen Überschreitungen drohen saftige Strafen.

49 Immer die Kamera zücken Ohne Frage ist es ein skurriles Fotomotiv, wenn im Dutch Country bei Philadelphia Amish mit der Kutsche zum Geldautomaten fahren. Man sollte aber – wie eigentlich überall – um Einverständnis fragen, bevor man Menschen fotografiert.

50 Vergnügungsparks zur Spring Break Gefühlt jeder zweite Student hält sich während der Frühlingsferien (1–2 Wochen zwischen Februar und Mitte April) in Florida auf. Die Warteschlangen bei den Vergnügungsparks in Orlando machen einen Besuch dort i. d. R. unsinnig – und in der »Spring-Break-Hauptstadt« Daytona Beach herrscht absoluter Ausnahmezustand › S. 120.

Abendstimmung am Millinocket Lake
im Neuenglandstaat Maine

REISEPLANUNG & ADRESSEN

DIE REISEREGION IM ÜBERBLICK

Der Osten der Vereinigten Staaten, also das Gebiet zwischen den Großen Seen und dem Mississippi auf der einen sowie dem Atlantischen Ozean und dem nördlichen Golf von Mexiko auf der anderen Seite, präsentiert sich dem Reisenden äußerst abwechslungsreich.

Beginnend bei dem Städteband der nordöstlichen Küstenebene mit den drei **Ostküstenmetropolen** New York, Philadelphia und Washington, D.C.: Wer sich dieser Megalopolis nachts mit dem Flugzeug von Süden oder Norden nähert, sieht über Hunderte von Kilometern ein nicht enden wollendes Band von Lichtern. Dennoch hat jede der Metropolen ihren ganz eigenen Charakter: Hier ist der »Big Apple« New York, mit seinen Wahrzeichen Freiheitsstatue, Empire State Building und One World Trade Center nach wie vor Inbegriff der Neuen Welt, und mit seinem herausragenden Kulturangebot sowie seinem pulsierenden Leben in den Straßenschluchten sicher eine der spannendsten Metropolen weltweit. Da ist Philadelphia, die »Wiege der Nation«, mit den Stätten der Unabhängigkeitsbewegung. Und dort ist Washington mit seinen Schaltzentralen der Macht, dem Weißen Haus und dem Kapitol. Doch selbst in einem der größten Ballungsräume der Welt ist es niemals weit zu atemberaubenden Naturschönheiten, wie etwa dem Shenandoah National Park in den Blue Ridge Mountains, 80 Meilen westlich von Washington.

Neuengland erinnert nicht nur vom Namen her an Europa, auch die sanften Hügellandschaften, endlosen Wälder und pittoresken kleinen Dörfer setzen einen Kontrapunkt zu den Klischees, die über die Vereinigten Staaten im Umlauf sind. Die sechs Bundesstaaten Maine, Massachusetts, Vermont, New Hampshire, Rhode Island und Connecticut sind beliebte Reiseziele für jeden, der das ruhige und beschauliche Leben genießen. Wer entdecken will, wie sich Amerikaner entschleunigen, sollte die sanften Hügellandschaften der Berkshire Hills besuchen, wo die Zeit langsamer zu verstreichen scheint als anderswo. Selbst Boston, die Metropole Neuenglands, hat sich dem gemächlicheren Tempo angepasst; das große Geld wird vielleicht in New York verdient, in Neuengland gibt man es lieber aus. Das kulturelle Angebot von Boston ist Weltklasse, ein Ferienhaus auf Cape Cod oder gar den vorgelagerten Inseln Nantucket oder Martha's Vineyard zeigt, dass man es im Land der unbegrenzten Möglichkeiten zu etwas gebracht hat. Dabei interessiert es wenig, dass die Badesaison in Neuengland an den teils wunderschönen Stränden nur kurz ist. Denn sie wird abgelöst von einem Naturschauspiel, das es in dieser Form in den USA kein zweites Mal gibt: Während des Indian Summer im Frühherbst verfärben sich die Blätter der Laubbäume in alle nur denkbaren Gelb- und Rottöne und lassen das waldreiche Land in einer Farbpracht erstrahlen, die Betrachter sprachlos staunend ob der Naturschönheit zurücklässt.

Rund um die **Großen Seen** haben sich zu Zeiten, als Wasserwege für den Warentransport die bedeutendste Rolle spielten, mächtige Städte entwickelt. Metropolen wie Chicago, Detroit oder Cleveland sind die urbanen Leuchttürme einer Region, die sonst häufig kleinstädtisch oder gar ländlich geprägt ist. Obwohl die drei Großstädte über ähnliche Voraussetzungen verfügten, haben sie sich äußerst unterschiedlich entwickelt: Chicago wurde zur drittgrößten Stadt der USA und wartet heute mit der interessantesten Skyline auf, bei der alle namhaften Architekten sozusagen ihre stählerne Riesen-Visitenkarte abgegeben haben. Cleveland wandelte die einstigen Erzverladehäfen in riesige Vergnügungs- und Ausgehviertel um, besitzt heute mit der Rock and Roll Hall of Fame einen Touristenmagneten und trotzt tapfer dem Niedergang. Auch die »Motown« Detroit, auf Gedeih und Verderb von der Automobilindustrie abhängig, wurde mehrfach totgesagt. Aber Totgesagte leben länger! Besucher zieht es nicht nur zu Reminiszenzen an bessere Zeiten, zum Vermächtnis des Autopioniers Henry Ford. Ein Ergebnis der Massenmotorisierung ist die Route 66, die erste durchgängige Straßenverbindung von Chicago nach Los Angeles, die man in dieser Region bis nach St. Louis, dem »Tor zum Westen«, befahren und dabei mehr als

Farbenprächtiger Indian Summer rund um Stowe, Vermont

nur einen Hauch Geschichte erleben kann. Aber nicht nur Technik, Urbanität und Fortschritt prägen das Gebiet an den Großen Seen. Insbesondere der Bundesstaat Michigan ist ein noch wenig bekanntes Urlaubsziel mit riesigen Nationalparks, traumhaften Stränden und sogar Dünenlandschaften, die vergessen lassen, dass man sich »nur« an einem Binnengewässer befindet.

Quasi jede Altersgruppe wird von **Florida** fast magisch angezogen: Kinder – und das Kind im Mann oder der Frau – wollen einmal Cinderellas Schloss in Disneys Magic Kingdom, die Welt von Harry Potter bei Universal Orlando oder einen anderen der zahlreichen Theme Parks in Orlando erleben. In dem einstigen Sumpfgebiet gibt es heute mehr Vergnügungsparks und -angebote als irgendwo anders auf dem Globus. Selbst der nahe »Weltraumbahnhof« Cape Canaveral bemüht sich mit einer themenparkähnlichen Präsentation für Besucher, vom Boom zu profitieren. Aber es wäre sträflich, Florida auf diese Kunstwelten zu reduzieren. Von den US-Bundesstaaten ist dieser in vielerlei Hinsicht außergewöhnlich: Florida beeindruckt mit seiner unglaublich vielfältigen Flora und Fauna und mit den Everglades, einem einzigartigen Sumpfland-Ökosystem. Zudem wartet der Bundesstaat mit den Versprechen auf: Nie befindet man sich mehr als zwei Stunden vom nächsten Strand entfernt, Sonnenscheingarantie vielerorts inklusive. Dass man angeblich an 360 Tagen des Jahres im Sand liegen kann, haben Florida den offiziellen Titel »Sunshine State« eingebracht. Dies, und dass zudem die Karibik nicht fern ist, merkt man auf der Inselkette der Keys. Im locker-heiteren Key West, das näher an Kuba als an Miami liegt, wird schnell klar, warum sich Ernest Hemingway in diese südlichste Stadt der USA unsterblich verliebte.

»The Grand Ole South« – der große alte Süden: Klischees über Klischees bestimmen das Gebiet der **Südstaaten.** Tatsächlich ist eine Reise durch jene Staaten östlich des Mississippi – insbesondere Louisiana, Mississippi, Tennessee, Alabama, Georgia und South Carolina – vielerorts wie ein Ausflug in die Vergangenheit: Liebevoll restaurierte Herrenhäuser erinnern an die Antebellum-Zeit, die Tage vor dem Bürgerkrieg, der den Süden nach vier Jahren als Verlierer sah. Heute bietet der »Deep South« eine faszinierende Mischung aus Nostalgie und Zukunftsorientierung. So sind Städte wie Memphis, Nashville oder Atlanta nicht weniger modern als vergleichbar große Metropolen in den nördlichen US-Bundesstaaten. Andere kleinere Südstaaten-Ansiedlungen wie Charleston oder Savannah halten die Erinnerung an frühere Zeiten hoch. Und auf Schritt und Tritt begleitet Südstaaten-Reisende die Musik: Memphis war nicht nur die Wahlheimat von Elvis Presley, sondern nennt sich gerne auch »Geburtsort des Blues«. Nashville möchte da nicht nachstehen und bezeichnet sich als »Welthauptstadt der Countrymusik». New Orleans schließlich, die vielleicht berühmteste, auf jeden Fall aber außergewöhnlichste Stadt der Südstaaten, hält besonders den Jazz in Ehren.

KLIMA & REISEZEIT

Da die Appalachen in Nord-Süd-Richtung verlaufen, ist im Osten der USA ein Austausch von tropischer Luft aus dem Südwesten und polarer Luft aus dem Nordosten ungehindert möglich.

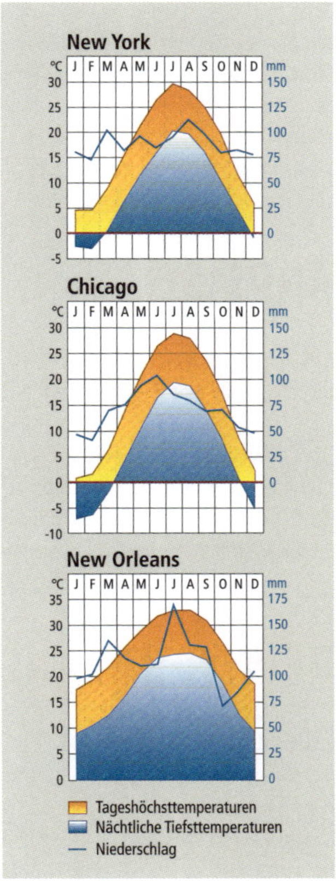

Dieser Luftmassenaustausch sorgt im Osten der USA – wie in weiten Teilen des Landes – für gemäßigtes Klima mit heißen Sommern und kalten Wintern. Gleichzeitig fehlt eine natürliche Barriere gegen die tropischen Stürme aus dem Süden, die sich als Hurrikane beinahe ungehindert über die Küstenregionen des Landes hinwegbewegen.

Eine Ausnahme vom sonst vorherrschenden gemäßigtem Klima ist der subtropische Süden, dessen Schwüle besonders im Hochsommer für manchen schwer erträglich ist. Der südliche Bundesstaat Florida wiederum ist mit Strandtemperaturen während des gesamten Jahres gesegnet. Die strengen Winter im Norden, vor allem in Chicago und St. Louis, sind legendär.

Ideale Reisezeit ist zwischen Ende Mai und Anfang Oktober. Die Hochsaison wird eingegrenzt durch die Feiertage Memorial Day (letzter Montag im Mai) und Labor Day (erster Montag im September): Wegen der subtropischen Hitze im Süden sind Aufenthalte im Juli und August dort weniger empfehlenswert. Auch in Florida wird es im Hochsommer oft extrem heiß, in der Nähe der Sumpfgebiete können von Mai bis Oktober die in Scharen auftretenden Mücken zur Plage werden. Zum Ausgleich bietet Florida beinahe ganzjährig Sonnengarantie, mit Abstrichen während der Hurrikansaison › S. 26. Von Ende September bis Mitte Oktober bieten die Neuenglandstaaten ein einzigartiges Schauspiel. Die prächtige Laubfärbung des Indian Summer lockt Jahr für Jahr mehr Touristen an.

HURRIKANE

Die südöstlichen USA liegen in der Zugbahn der tropischen Wirbelstürme, die sich über dem Atlantik aufbauen und von Juni bis November Florida und die Golfküste heimsuchen. Das National Hurricane Center (www.nhc.noaa.gov) in Miami zeichnet Informationen über die Stürme auf und gibt Warnungen bis hin zur Evakuierung aus. 2017 sorgte Hurrikan »Irma« für schwerste Schäden auf den Florida Keys, 2018 hinterließ »Michael« eine Schneise der Verwüstung an Floridas Nordwestküste. Die beiden Hurrikane der Kategorie 4 (von 5) wurden aber bei weitem von »Katrina« (2005) und »Sandy« (2012) in den Schatten gestellt. Während »Katrina« große Teile der Südstaaten-Metropole New Orleans tagelang unter Wasser setzte (es wurde sogar erwogen, die Stadt teilweise aufzugeben), verursachte »Sandy« v.a. in New Jersey und New York geschätzte Schäden von 75 Milliarden US-$.

ANREISE

Auf den Atlantikstrecken zwischen Europa und den USA unterbieten sich die Fluggesellschaften zum Teil mit Billigtarifen.

Von Europa aus gibt es ein großes Angebot an Linien- und Charterflügen, günstige Ziele von Transatlantikverbindungen im Osten der USA sind New York, Newark (NJ), Philadelphia (PA), Washington (DC), Boston (MA), Chicago (IL), Atlanta (GA), Charlotte (NC) sowie Miami und Orlando (FL).

REISEN IM LAND

FLUGZEUG

Bei den teilweise enormen Entfernungen in den USA ist das Flugzeug wichtiges Verkehrsmittel, große und kleine Städte des Ostens werden zu bisweilen günstigen Tarifen von Billigairlines verbunden. Bekanntester Vertreter ist Southwest Airlines (Tel. 1-800-435-9792; in Europa nur über www.southwest.com buchbar), günstige Preise mit Komfort (u.a. Live-TV an Bord) kombiniert JetBlue (www.jetblue.com).

AUTO & MOTORRAD

Die USA lassen sich am besten mit dem (Miet-)Kfz erkunden. Um in den Genuss günstiger Tarife zu kommen, sollte man z.B. ein Auto schon im Heimatland reservieren. In den Pauschalpreisen hiesiger Veranstalter ist meist die Vollkaskoversicherung (CDW) enthalten, wobei im Schadensfall

Der Fernzug Amtrak Viewliner, bereit zur Abfahrt von der Union Station, Washington D.C.

oft eine Selbstbeteiligung fällig wird. Der (kostenpflichtige) Ausschluss dieses Selbstbehalts in meist vierstelliger US-Dollar-Höhe ist unbedingt zu empfehlen. Gibt man den Wagen nicht im Ort oder zumindest im Staat der Anmietung zurück, können Rückführgebühren von bis zu 500 $ anfallen.

Mitglieder kooperierender Automobilklubs (z. B. ADAC, ÖAMTC, TCS) erhalten bei Pannen Hilfe vom US-Pendant, der AAA (Tel. 1-800-222-4357). Bei Reisebeginn sollte man sich Karten- und Prospektmaterial besorgen, das in jeder größeren Stadt AAA-Büros bereithalten.

Die Tempolimits sind innerorts 20–30 mph (40–48 km/h) und auf den Interstates, Freeways und Highways 55–65 mph (88–104 km/h), seltener 70–75 mph (112–120 km/h). › **mehr S. 19 Punkt** ㊽ In den meisten Bundesstaaten ist Rechtsabbiegen trotz roter Ampel erlaubt, wenn dadurch der vorfahrtberechtigte Verkehr nicht behindert wird; das Schild »No turn on red« hebt diese Regel auf.

Achtung: Hat man einen Streifenwagen oder ein Polizeimotorrad mit eingeschaltetem Blaulicht hinter sich, fährt man umgehend rechts an den Straßenrand, steigt aber auf keinen Fall aus, sondern legt beide Hände deutlich sichtbar aufs Lenkrad und wartet auf die Anweisungen der Polizisten.

BAHN

Das Image der amerikanischen Bahn ist nicht das beste. Die Tickets sind teuer, die Züge fahren in eher gemächlichem Tempo. Dennoch ist eine Fahrt mit den silbernen Amtrak-Langstreckenzüge ein Erlebnis: Sie verfügen über sehr komfortable Schlafabteile, und abends trifft man sich im Lounge-Waggon. Infos und Buchungsmöglichkeit bietet **Amtrak** online, auch in Deutsch (www.deutsch.amtrak.com; Tel. 1-800-USA-RAIL bzw. 1-800-872-7245).

DER ENTENMEISTER

Wie mag es sich wohl anfühlen, eine Anstellung zu haben, die es so kein zweites Mal auf der Welt gibt? Anthony Petrina könnte eine Antwort auf diese Frage geben. Petrina, Jahrgang 1986, hat den Titel eines *Duckmasters* inne, eines Entenmeisters. Er betreut die hauseigenen Schnabeltiere des Peabody Hotels in Memphis, Tennessee. Seine Hauptaufgabe ist es, die Artgenossen von Donald Duck morgens von ihrem 200 000 Dollar teuren Palast auf dem Dach zum Marmorbrunnen im Foyer der Nobelherberge zu begleiten – und abends wieder zurück.

Damit nicht der Verdacht aufkommt, bei dieser Schilderung handele es sich um eine journalistische »Ente«, empfiehlt sich ein Ausflug in die Geschichte des altehrwürdigen Peabody-Hotels. Dessen Direktor Frank Schutt soll in den 1930er-Jahren eher unbewusst den Grundstein gelegt haben für eine inzwischen weltberühmte Tradition. Schutt brachte angeblich von einem Jagdausflug drei der Schnabeltiere mit in die Nobelherberge, wo sie es sich an besagtem Foyerbrunnen häuslich einrichteten. Die Kundschaft liebte die etwas andere Attraktion – und das Peabody hatte, vermutlich, ohne dass Schutt das jemals beabsichtigte – ein Alleinstellungsmerkmal in der Branche (lange bevor dieses Marketingwort überhaupt erfunden wurde).

Zurück zu Anthony Petrina. Der studierte Hotelfachwirt wollte, wie er sagt, schon immer im Peabody arbeiten. Er bekam dort zunächst eine Stelle als Kellner und arbeitete sich schnell zum Oberkellner hoch.

Duckmaster Anthony Petrina leitet die tägliche Entenparade im Hotel Peabody Memphis

2012 kam dann die Chance, die sein Leben veränderte: Ihm wurde die Position des Duckmaster angeboten. In prächtiger Uniform und mit großem Pomp geleiten er oder einer seiner Assistenten seitdem die Wildenten aus ihrem Palast auf dem Dach morgens zum Wellnesspool, pardon: zum Brunnen im Foyer – und abends wieder zurück. Der Duck March um 11 und um 17 Uhr zieht inzwischen so viele Neugierige an, dass Petrina empfiehlt, sich spätestens 30 Minuten vor dem Spektakel einen Platz zu sichern. Um dem watscheligen Spektakel beizuwohnen muss man auch kein Hotelgast sein, »Zaungäste« sind willkommen.

Die Enten genießen maximal drei Monate den Luxus, im Peabody zu residieren. Im Alter von 18 Monaten kommen sie von einer Farm in der Nähe von Memphis in Petrinas Obhut. Er legt Wert auf die Feststellung, dass er die Tiere beim Training für ihr Gastspiel nicht domestiziert, sodass sie später problemlos wieder in die Wildnis entlassen werden können. »Wichtig ist eine professionelle Distanz zu den Tieren«, sagt der Duckmaster. »Ich gebe den Enten deshalb nicht einmal Namen.«

Während die Watschelgäste des Peabody nur eine überschaubare Zeit in dem Nobelhotel verbringen, ist die Stelle des Duckmasters auf Kontinuität angelegt. Petrina ist in der fast 80-jährigen Geschichte des Entenmarschs erst der fünfte hauptamtliche Zeremonienmeister. Der Begründer der Tradition, Edward Pembroke, hatte das Duckmaster-Amt »un-ent-liche« 50 Jahre bis zu seiner Pensionierung 1991 inne. Pembroke war Portier im Peabody und bot als ehemaliger Zirkus-Tiertrainer Hilfe dabei an, die Enten morgens vom Dach zum Brunnen und abends wieder zurück zu geleiten – der Duck March war geboren.

Das sicherlich nicht günstige Spektakel um das Federvieh mit hauptamtlichem Duckmaster und 200 000-Dollar-Entenpalast zahlt sich für das Peabody aus. Es gebe, so sagt Petrina, zahlreiche Stammgäste des Traditionshauses, die vor allem wegen der täglichen Parade Zimmer buchen. Das Peabody revanchiert sich, indem es prominente Gäste zu Ehren-Duckmastern ernennt. Petrina verrät – Verschwiegenheit ist das oberste Gebot der Branche – keine Namen. Doch natürlich merkten es die Besucher beim Duck March, wenn Musiker Peter Frampton, Talkshow-Königin Oprah Winfrey oder ihr Kollege Jay Leno die Schnabeltiere begleiteten.

Die Frage liegt nahe: Ist Anthony Petrina auch privat ein Tierfreund, ein Entenfreund gar? »Auch wenn die Versuchung groß ist: Ich habe mir niemals sozusagen Arbeit mit nach Hause gebracht«, sagt der Duckmaster. Stattdessen lebt er mit zwei Hunden zusammen. »Ich wünschte mir, sie seien so gut trainiert wie die Enten im Peabody ...«

INFO

- **The Peabody Memphis** €€–€€€
  149 Union Ave. | Memphis | TN 38103
  Tel 901-529-4000
  www.peabodymemphis.com
  Duck March täglich um 11 und 17 Uhr

BUS

Die zwischen den größeren Städten des Ostens verkehrenden Greyhounds sind eine Institution. Der Komfort der Busse wird ständig aufgewertet, Snack- und Getränkeservice sowie WiFi an Bord sind inzwischen Standard – auch, um mit den der wachsenden Konkurrenz wie Megabus mithalten zu können. **Greyhound,** Tel. 1-800-231-2222, www.greyhound.com; **Megabus,** Tel. 1-877-462-6342 (telefon. Buchung mit Gebühr), http://us.megabus.com.

SPORT & AKTIVITÄTEN

Entprechend der landschaftlichen Vielfalt des Ostens der USA ist das Outdoor-Betätigungsfeld zu Wasser und zu Land schier unerschöpflich.

WANDERN

Gut ausgeschilderte Trails unterschiedlicher Länge, dazu Camps und Schutzhütten findet man in den State und National Parks. Ideal für Leute, die vom Wandern nicht genug kriegen, ist der 3500 km lange Appalachian Trail, der vom Baxter State Park in Maine über die Nationalparks Shenandoah und Great Smoky Mountain bis nach Georgia führt. Infos:

Appalachian Mountain Club (AMC) L3

- 10 City Square | Boston | MA 02129
  Tel. 617-523-0655 | www.outdoors.org
- www.appalachiantrail.org
  Umfassende Infos, Karten und Links zum Appalachian Trail.

RADFAHREN

Neuengland ist das Radfahrerparadies schlechthin. Auf stillen Nebenstraßen kann man sanfte Hügel, weite Wälder und einsame Küsten erkunden. Besonders empfehlenswert ist der 50 km lange Cape Cod Rail Trail von Dennis nach Wellfleet. Aber auch Chicago verfügt über wunderschöne Radwege, unter anderem entlang dem Lake Michigan. Empfehlenswerter Radverleih:

Bike and Roll Chicago C6

Am Navy Pier und mit drei weiteren Stationen; bietet auch geführte Touren an.

- 239 E. Randolph St. | Chicago | IL 60611
  Tel. 312-729-1000 | www.bikechicago.com

GOLF

Das Golfspiel hat in den USA längst nicht einen so elitären Charakter wie in Europa. Praktisch jeder größere Ort verfügt über entsprechende Möglichkeiten, Gastspieler sind in Klubs gerne gesehen. Eine besonders herrliche Kulisse bieten die Greens in den White Mountains. Die meisten Plätze gibt es rund um Myrtle Beach. Infos:

Myrtle Beach Area Chamber of Commerce J10

- 1200 N. Oak St. | Myrtle Beach
  SC 29577 | Tel. 800-356-3016
  www.visitmyrtlebeach.com/golf

ACTION AUF & AM WASSER

Daytona Beach, Floridas Strand- und Spring-Break-Hochburg an der Altantikküste

Freunde von Wassersport und schönen Stränden kommen im Osten der USA nicht nur an der Atlantikküste und am Golf von Mexiko auf ihre Kosten. Es locken auch Amerikas größte Binnengewässer, darunter besonders der Lake Michigan, sowie unzählige weitere Seen und Flüsse.

STRÄNDE FÜR AKTIVE

Für Strandfans, denen nur Sonnenbaden zu langweilig ist, bieten die sportbegeisterten Amerikaner immer eine Alternative. Wassersport-Hotspots sind **Daytona Beach** in Florida und **Myrtle Beach** in South Carolina. In beiden Städten ist das Angebot fast unüberschaubar und reicht von Wasser- und Jetskifahren über Windsurfen, Tauchen und Fischen bis hin zum Parasailing. Infos und Anbieteradressen findet man unter www.daytonabeach.com und www.myrtlebeachwatersports.com.

STRÄNDE FÜR GENIESSER

Seit mehr als 25 Jahren gibt Professor Steven Leatherman von der Florida International University alias »Dr. Beach« eine Liste mit den zehn schönsten Stränden der USA heraus (www.drbeach.org). Bei der aktuellen Top Ten dominieren nicht etwa Strände in Hawaii oder Kalifornien, sondern jene an der Ostküste: So finden sich auf Platz 2 der Ocracoke Lifeguarded Beach in North Carolina (Outer Banks), auf Platz 3 der Grayton Beach State Park im Florida Panhandle, auf Platz 4 der Coopers Beach in Southampton, New York und auf Platz 5 der Coast Guard Beach von Cape Cod, Massachusetts. Für Platz 6 geht es zurück zu den Outer Banks von North Carolina (Lighthouse Beach, Buxton), Platz 7 geht an den Caladesi Island State Park in Dunedin/Clearwater, Florida. Und das Schlusslicht der

Top Ten bildet der Beachwalker Park auf Kiawah Island, South Carolina. Nur die Plätze 1 und 8 (Hawaii) sowie 9 (Kalifornien) liegen nicht an an der Ostküste oder in Florida.

SEGELN VOR CHICAGO UND ANNAPOLIS

Seine riesigen Ausmaße lassen den Lake Michigan fast wie ein Meer erscheinen. Ins Bild passt, dass sich mitten in Chicago zahlreiche Strände am See befinden. Gerade in der »Windy City« ist es populär, die meist steife Brise auf dem Wasser auszunutzen. **Chicago Sailing** im Belmont Harbour vermietet sogenannte J-22- und J-24-Boote mit oder ohne Skipper.

Annapolis nennt sich selbst die »Segelhauptstadt Amerikas«. Tatsächlich bietet die lang gezogene Chesapeake Bay beste Möglichkeiten für Segler. Leicht zu finden ist **Schooner Woodwind** direkt beim Marriott Waterfront Hotel in Downtown Annapolis. > **mehr S. 12 Punkt 4** Hier kann man z.B. ein 6 m langes Segelboot mieten, mit dem man einen halben oder ganzen Tag durch die Bay, ein Stück auf dem Severn River oder unter der Bay Bridge hindurch bis zum Thomas Point Lighthouse segeln kann. Vergessen Sie nur den Segelschein nicht!

- **Chicago Sailing** D6
  2 W. Belmont Harbor Dr.
  Chicago | IL 60657 | Tel. 773-871-7245
  www.chicagosailing.com
- **Schooner Woodwind** J6
  80 Compromise St.
  Annapolis | MD 21401 | Tel. 410-263-7837
  www.schooner-woodwind.com

PADDELN ODER RAFTEN

Der Black Creek, der im Südosten des Staates Mississippi durch den Desoto National Forest fließt, zählt unter Kennern zu den schönsten Flüssen Nordamerikas. **Black Creek Canoe Rental** in Brooklyn vermietet die nötige Ausrüstung und stellt auch die passenden Kanutouren zusammen. Vom gemütlichen Kurztrip bis zum Ganztagesausflug mit Badestopps an Sandbänken ist für jeden die richtige Tour im Angebot. > **mehr S. 13 Punkt 9**

Virginia ist mit seinen zahllosen Flüssen ein Paradies für Wassersportler. Als Ausgangspunkt für Touren empfiehlt sich Richmond, und hier u.a. der Veranstalter **Riverside Outfitters** mit einem umfangreichen Programm von gemütlichen Schlauchbootausflügen bis zu spannenden Wildwassertrips auf dem James River. Adrenalinfördernd sind z.B. die Stromschnellen vor der Skyline von Richmond.

Ein großes Angebot von mild bis wild auf Flüssen in Vermont, Maine sowie Massachusetts, z.B. hier auf dem Deerfield und Millers River, hält **Crab Apple Whitewater** parat.

- **Black Creek Canoe Rental** D13
  20 Old Highway 49 W. | Brooklyn
  MS 39425 | Tel. 601-582-8817
  www.blackcreekcanoe.com
- **Riverside Outfitters** J7
  6834 Old Westham Rd. | Richmond
  VA 23225 | Tel. 804-560-0068
  www.riversideoutfitters.net
- **Crab Apple Whitewater** K4
  3 Lake Moxie Rd. | The Forks
  ME 04985 | Tel. 1-800-553-7238
  www.crabapplewhitewater.com

UNTERKUNFT

Wenn es um eine Unterkunft geht, ist Amerika wahrlich das Land der unbegrenzten Möglichkeiten. Vor Wochenenden, Feiertagen und in viel besuchten Touristenorten empfiehlt sich jedoch eine rechtzeitige Vorabreservierung.

HOTELS & MOTELS

In Hotels wie Motels gelten die Preise pro Zimmer, nicht pro Person, für einen dritten oder vierten Übernachtenden wird jedoch manchmal ein Aufschlag erhoben. Lokale und staatliche Steuern (bis zu 20 %) sind nicht in der Preisangabe enthalten. Zur Grundausstattung der meisten Zimmer gehören Telefon, Fernseher und Klimaanlage. Davon abgesehen gibt es sehr deutliche Unterschiede:

Motels oder **Inns** sind für den Autofahrer konzipiert. Hier geht man nicht davon aus, dass jemand länger als eine Nacht bleibt. Die Häuser befinden sich meist nahe der Autobahn oder an den Ausfallstraßen. Bezahlt wird im Voraus, am Tag der Abreise wirft man im Vorbeifahren den Schlüssel in den Briefkasten an der Rezeption. Die Zimmer sind ab 50–60 $ zu haben, selbst in den Randgebieten der Großstädte muss man selten mehr als 100 $ zahlen.

Hotels liegen in Preis und Service über Motels und Inns. Besonders in den Städten ist hier von freiem Parken nicht mehr die Rede. Dafür locken Hotels je nach Kategorie mit Zusatzeinrichtungen wie

Das Warm Mineral Springs Motel ist seit 1958 ein Stopover am Tamiami Trail, Florida

Restaurants, Fitnessstudio, Außen-/Innenpools und dem Concierge, einem Mitarbeiter für Fragen zum Hotel und zur Stadt. Hotelzimmer gibt es in der Regel ab 70 $, in den Metropolen fangen die Preise erst im dreistelligen Bereich an.

RESORTS

Resorts sind für Kunden konzipiert, die ihren Urlaub überwiegend in der Hotelanlage verbringen. Mit Extras wie einem vielfältigem Sportangebot sowie abendlichem Unterhaltungsprogramm richtet man sich auf die vergnügungsinteressierte Klientel ein. Resorts sind meistens im oberen Preissegment, selten unter 150 $ pro Nacht angesiedelt, viele verlangen einen Mindestaufenthalt von drei Tagen.

BED & BREAKFAST

Die Dame des Hauses begrüßt Gäste persönlich und hält mit ihnen einen kleinen Plausch. Morgens bittet der Hausherr zum gemeinsamen Frühstück und führt anschließend stolz durch das Anwesen, häufig ein liebevoll gepflegtes, jahrhundertealtes Kleinod: Bed & Breakfast (B&B) ist sicher die persönlichste Art, Nordamerika kennenzulernen, die Preise liegen dabei jedoch deut-

HOTEL- UND MOTELKETTEN

Vor der Reise kann man bei den Hotel- und Motelketten Informationen über ihre Häuser mit Lage, Preis und Extras einholen oder online stöbern.

- **Choice Hotels:** Vertretung für Quality Inns, Comfort Inns, Sleep Inns, Econo Lodge, Rodeway Inns, Main Stay Suites und Clarion Hotels (Martin-Kollar-St. 9, 81829 München, Tel. 0800 1855522, www.choicehotels.com).
- **Hilton Worldwide:** Neben den Hilton-Marken selbst in den USA u. a. vertreten mit Hampton, Embassy Suites, Doubletree, Conrad und Waldorf Astoria (Tel. 0800 1818146, www.hiltonhotels.de).
- **IHG Hotels:** Intercontinental sowie weitere Marken, z. B. Holiday Inn, Crowne Plaza, Indigo, Staybridge, Kimpton und Candlewood (Tel. 0800 80800800, www.ihg.com).
- **Mariott – Starwood Hotels & Resorts:** Mariott hat 2016 Starwood übernommen, unter dem Dach sind neben den beiden Marken u. a. Ritz Carlton, Sheraton, Le Meriden, Westin und W Hotels (Tel. 0800 1854422, www.marriott.de, www.starwoodhotels.com).
- **Radisson:** In den USA vertreten mit Radisson sowie Country Inns & Suites und Park Inn (www.radissonhotelgroup.com).
- **Best Western Hotels & Resorts:** Tel. 0800 2125888 (in Deutschland), 0800 295194 (in Österreich), 0800 552344 (in der Schweiz), www.bestwestern.com
- **Hyatt Hotels:** Tel. 0800 9731234 (in Deutschland), Tel. 0800 293600 (in Österreich), Tel. 0800 554772 (in der Schweiz), www.hyatt.com

lich über denen eines Mittelklassehotels. Dafür bekommt man aber auch mehr geboten als in den oft unpersönlichen Hotelketten.

Eine Alternative zu »normalen« Hotels bietet auch die private Zimmer- und Wohnungsvermittlung, z. B. **AirBnB** (www.airbnb.de). Da die Hotellerie immer wieder gegen AirBnB anzugehen versucht, sollte man sich aber informieren, ob das Unternehmen in der Zielstadt überhaupt Privatquartiere anbieten darf.

CAMPING

Die privaten Campingplätze der **Kampgrounds of America (KOA)** haben einen ausgezeichneten Standard, sind allerdings oft nicht billiger als ein einfaches Motel. Bei KOA ist auch ein ausführliches Adressenverzeichnis erhältlich (P.O. Box 30558, Billings, MT 59114, Tel. 1-888-562-0000, www.koa.com).

Das Niveau der staatlichen Campingplätze ist höchst unterschiedlich. Die schönsten befinden sich in den **State Parks** (Tel. 518-885-3639, Tel. 1-877-444-6777 in den USA, www.reserveamerica.com) und in den **National Parks** (Tel. 606-515-6777, Tel. 1-877-444-6777 in den USA, www.recreation.gov). Häufig sind sie sehr einfach ausgestattet, können dafür aber mit einer herrlichen Lage und niedrigeren Preisen als die privaten aufwarten.

Eine guter Nordamerika-Campingführer ist der jährlich überarbeitete **Good Sam RV Travel & Savings Guide** (29,95 $); unter www.goodsamclub.com findet man auch eine nützliche Online-Suche dazu.

DIE EXKLUSIVSTEN HOTELS

Übernachten im Luxushotel kann überraschend günstig sein. Wenn die Luxusherbergen nicht ausgelastet sind – z. B. Stadthotels am Wochenende oder Strandhotels außerhalb der Saison – werden die Preise z. T. drastisch gesenkt.

- Exklusiver als im **Four Seasons** kann man in New York kaum wohnen – und zum Standardtarif auch nicht teurer. > S. 67
- Im **Hotel Hershey**, benannt nach dem berühmtesten Schokoladenproduzenten, gehört zur zuckersüßen Nacht eine Schokoladenbehandlung im Spa. > S. 72
- Im **Palmer House** von Chicago wurde angeblich der Executive Level erfunden: eine Etage, reserviert für Stamm- und andere besondere Gäste mit Extra-Annehmlichkeiten. > S. 98
- **The Breakers** J15 ist ein 1896 wahr gewordener Traum des Eisenbahnbarons Henry M. Flagler. 1926/27 nach einem Brand im Stil eines italienischen Palazzos neu aufgebaut, nennt es sich heute als Wahrzeichen von Palm Beach »The World's Finest Resort« (One South County Road, Tel. 1-888-273-2537, www.thebreakers.com; €€€).
- Eine Nacht »Vom Winde verweht« in einem alten Südstaaten-Herrenhaus: Diesen Wunsch erfüllt die prächtige **Oak Alley Plantation** in Vacherie. > S. 132

Rockabillies in der
Elvis-Stadt Memphis

LAND & LEUTE

STECKBRIEF

- **Staaten:** Alabama (AL), Connecticut (CT), Delaware (DE), Florida (FL), Georgia (GA), Illinois (IL), Indiana (IN), Kentucky (KY), Louisiana (LA), Maine (ME), Maryland (MD), Massachusetts (MA), Michigan (MI), Mississippi (MS), New Hampshire (NH), New Jersey (NJ), New York (NY), North Carolina (NC), Ohio (OH), Pennsylvania (PA), Rhode Island (RI), South Carolina (SC), Tennessee (TN), Vermont (VT), Virginia (VA), West-Virginia (WV) sowie District of Columbia (DC)
- **Fläche:** 2,35 Mio. km²
- **Bevölkerung:** 186 Mio., 79 Einw./km²
- **Größte Städte:** New York City (NY) 8,6 Mio. Einw., Chicago (IL) 2,7 Mio. Einw., Philadelphia (PA) 1,58 Mio. Einw., Jacksonville (FL) 892 000 Einw.
- **Währung:** US-Dollar (US-$)

- **Höchster Punkt:** Mount Mitchell (NC) mit 2037 m
- **Zeitzonen:** Östlicher Teil der Region in der Eastern Time Zone (ET = MEZ −6 Std.), westlicher in der Central Time Zone (CT = MEZ −7 Std.). Sommer-/Winterzeit (Daylight/Standard Time) mit Uhrenumstellung etwa zum gleichen Datum wie in Europa.
- **Landesvorwahl:** 001

LAGE & LANDSCHAFT

Der Osten der Vereinigten Staaten wird von den Großen Seen und von Kanada im Norden, im Osten vom Atlantik, im Süden vom Golf von Mexiko und im Westen vom Mississippi begrenzt. Das Gebiet hat mit 2,35 Mio. km² einen Anteil von einem Viertel an der Gesamtfläche der USA und wird von drei Großlandschaften dominiert: den Küstenebenen am Atlantik und am Golf von Mexiko, den Appalachen, ein durch den ganzen Osten parallel zur Küste verlaufendes Mittelgebirge, sowie dem Kanadischen Schild (Laurentinisches Plateau), der von Kanada bis in das Gebiet der Großen Seen reicht. Im nordöstlichen Teil der Küstenebene befindet sich mit Boston, New York, Philadelphia und Washington einer der größten urbanen Ballungsräume der Welt. An den Großen Seen liegt mit Chicago, Detroit und Cleveland eine weitere Metropolregion.

Der Osten der USA verfügt über drei große Küstenregionen, eine entlang des Atlantiks, eine am größten Süßwasserareal der Welt, den Großen Seen, die sich die Staaten mit Kanada teilen, und das riesige

Mississippidelta als Zentrum der dritten Küstenlinie.

BEVÖLKERUNG

Die USA sind nach wie vor ein Einwanderungsland, die Herkunftsregionen haben sich jedoch geändert. 1820–1989 immigrierten mehr als 7 Mio. Deutsche, 4,7 Mio. Iren und 5,3 Mio. Italiener und sorgten dafür, dass 40 % der US-Bürger europäische Vorfahren haben. Dagegen sehen im 21 Jh. v.a. Auswanderer aus Mittelamerika und der Karibik ihre Zukunft in den USA. Der Anteil der afroamerikanischen US-Bevölkerung beträgt rund 13 %, jener mit asiatischer Herkunft knapp 5 %, die *Native Americans* (»Indianer«) stellen nicht einmal mehr 1 %.

POLITIK & VERWALTUNG

Die USA sind in insgesamt 50 Bundesstaaten aufgeteilt, von denen jeder über eine relativ große Eigenständigkeit verfügt (kooperativer Föderalismus). Zwei Kammern, Repräsentantenhaus und Senat, nehmen in den Bundesstaaten die Gesetzgebung wahr. Auf Bundesebene sorgen Senat und Repräsentantenhaus für die Gesetzgebung, während der mit weitreichenden Vollmachten ausgestattete Präsident mit seinem Kabinett den Staat führt.

WIRTSCHAFT

Der Osten ist der wirtschaftliche Motor der USA. Allerdings haben die Industriestädte des »Manufacturing Belt« – Chicago, Cleveland, Pittsburgh und besonders Detroit – mit teilweise extremen Strukturproblemen zu kämpfen. Dagegen boomen zukunftsträchtige Zweige im Hightechbereich wie Maschinenbau, Elektrotechnik, IT, Chemie- und Biotechnologie oder die Luft- und Raumfahrttechnik in Florida. In der Landwirtschaft dominieren Viehzucht und Futtermittelanbau im Nordosten, in Delaware, Illinois und Indiana steht die Getreideproduktion an erster Stelle, Floridas wichtigste Agrarerzeugnisse sind Zitrusfrüchte. Im Dienstleistungsbereich ist im »Sunshine State« der Tourismus ein wichtiger Faktor, der bedeutendste Finanzplatz der Welt ist die New Yorker Wall Street.

Diese wurde ab 2007 von der globalen Finanzkrise erschüttert, mit dramatischen Folgen für den Wohlstand v.a. mittlerer und niedriger Einkommensschichten. Dagegen zeigte sich die US-Wirtschaft in den letzten Jahren kontinuierlich im Aufwärtstrend, im Laufe des Jahres 2018 mit BIP-Zuwächsen bis knapp 3 % gegenüber dem Vorjahr.

Farm in Illinois' Corn Belt bei La Salle

GESCHICHTE IM ÜBERBLICK

Ca. 30 000 v.Chr. wandern Nomaden über die Beringstraße nach Amerika ein und verbreiten sich bis 9000 v. Chr. im ganzen Land.

1497 John Cabbot vereinnahmt das Gebiet zwischen Virginia und Neufundland für die britischen Krone.

1513 Der spanische Eroberer Juan Ponce de León betritt bei St. Augustine amerikanischen Boden.

1607 In Jamestown entsteht die erste dauerhafte britische Siedlung.

1620 Die Pilger der »Mayflower« kommen bei Cape Cod an.

1764–1767 Repressive britische Gesetze und Steuern lösen den Unmut der 13 Kolonien und die Forderung nach Mitbestimmung aus.

1773 Boston Tea Party: Aus Protest gegen die Teesteuer werfen Kolonialisten die Teeladung britischer Handelsschiffe über Bord.

1774 In Philadelphia tagt der Erste Kontinentalkongress. Die Handelsbeziehungen mit dem Mutterland werden abgebrochen.

1775–1777 Mit Feuergefechten bei Boston beginnt der Unabhängigkeitskrieg. Am 4. Juli 1776 erklären sich die Kolonien in Philadelphia für unabhängig vom englischen Königreich.

1783 Mit dem Frieden von Versailles endet der Unabhängigkeitskrieg.

1787 In Philadelphia wird die Verfassung der Vereinigten Staaten von Amerika unterzeichnet.

1789 George Washington wird zum ersten Präsidenten gewählt.

1812–1814 Erneuter Krieg mit Großbritannien. Washington wird niedergebrannt.

1861–1865 Amerikanischer Bürgerkrieg zwischen Nord- und Südstaaten. Nach der Kapitulation der Südstaaten am 9. April 1865 wird die Sklaverei abgeschafft.

1867 Schwarze Einwohner erhalten das Bürgerrecht und drei Jahre später das Wahlrecht.

1917 Eintritt der USA in den Ersten Weltkrieg.

1920 Frauen erhalten das Wahlrecht. Die Prohibition verbietet bis 1933 Herstellung und Transport von Alkohol.

1929 »Schwarzer Freitag« an der Wall Street: Der Börsenkrach führt zur Weltwirtschaftskrise.

1941 Nach dem vernichtenden Angriff der Japaner auf Pearl Harbor im Zweiten Weltkrieg geben die Amerikaner ihre Neutralität auf.

1963 Präsident John F. Kennedy wird in Dallas ermordet.

1965–1973 Krieg der USA gegen Nordvietnam, ca. 3 Mio. Tote.

2001 Größter Terroranschlag in der Geschichte der USA mit fast 3000 Toten am 11. Sept. Das World Trade Center wird zerstört, das Pentagon schwer beschädigt.

2003 Invasion von US-Truppen im Irak zum Sturz Saddam Husseins. Massive Proteste gegen den Irakkrieg der Regierung Bush.

2005 Der Hurrikan »Katrina« verwüstet im Aug. die Küste Louisianas und überflutet New Orleans.

2008 Ausweitung der US-Immobilien- zur globalen Finanzkrise mit nie zuvor erlebten Kurseinbrüchen an der Wall Street.
2009 Der Demokrat Barack Obama tritt als erster Afroamerikaner das Präsidentenamt an.
2013 Wiederwahl und Beginn der letzten Amtszeit Obamas.
2014 Eröffnung des neuen One World Trade Center in New York.
2015 Abbau von US-Handels- und Reisebeschränkungen mit Kuba.
2017 Der für die Republikaner angetretene Milliardär Donald Trump ist seit Jan. 45. Präsident der USA.
2018 Bei den Zwischenwahlen im Nov. verlieren die Republikaner die Mehrheit im Repräsentantenhaus an die Demokraten, im Senat können sie sich aber behaupten.

Barack Obama war der 44. US-Präsident

2019 Der Mittlere Westen der USA erlebt im Jan./Febr. eine Rekord-Kältewelle mit bis zu –35 °C. Wegen eisiger Polarwinde sind es z. B. in Chicago zeitweise gefühlt –55 °C.

NATUR & UMWELT

Hat man einmal die Ballungsräume verlassen, erwartet einen im Osten der USA oft Grün, so weit das Auge reicht.

In Neuengland und entlang der Appalachen gibt es endlos scheinende Nadel- und Laubwälder. Im Süden wird die Vegetation subtropisch, mit Kiefernwäldern zwischen Louisiana und Florida und Zypressenbeständen im versumpften Küstenbereich. Floridas Flora ist bekannt für Palmen an Küsten und auf den Keys, Mangroven in den Everglades und weiten Graslandschaften. Der Pflanzenvielfalt steht jene der Tiere in nichts nach, von Elchen und Walen in Neuengland bis zu Alligatoren und Seekühen in Florida.

Massiv geschrumpft ist jedoch der natürliche Lebensraum seit der Kolonialzeit. Schutz für bedrohte Fauna und Flora bieten National Parks (Infos und Links: www.nps.gov) wie der Everglades (FL), der Shenandoah (VA) oder der Great Smoky Mountains (TN/NC) bzw. National Seashores wie die Gulf Islands (FL/MS). Hinzu kommen State Parks der Bundesstaaten. Insgesamt ist der Anteil der Schutzgebiete an der Gesamtfläche im Osten der USA jedoch verschwindend gering.

KUNST & KULTUR

ARCHITEKTUR

In der Architektur hat sich Amerika längst zum internationalen Trendsetter entwickelt. Vom späten 18. Jh. bis zum Unabhängigkeitskrieg ließen sich die Kaufleute ihre Häuser im Georgian Style mit seiner eleganten, perfekten Symmetrie erbauen. Dann setzte sich der neoklassische Greek-Revival-Stil durch, der griechische Tempelarchitektur zitiert. Im Süden schlug die Stunde der Baumwollaristokratie, die mit stattlichen Anwesen Reichtum demonstrierte. Einzigartig blieb die städtische Bebauung von New Orleans, deren Häuser im French Quarter mit schattigen Innenhöfen, umlaufenden Balkonen und gusseisernen Geländern überdauert haben. Auch Washington mit seinen antikisierenden Bauten wirkt geradezu unamerikanisch.

Als Geburtsort des Wolkenkratzers gilt Chicago. Nach der Brandkatastrophe von 1871 waren 100 000 Menschen obdachlos. Die besten Architekten Amerikas eilten zur Hilfe und zogen riesige Stahlbauten in die Höhe, wovon der erste Wolkenkratzer das Home Insurance Building von **William Le Baron Jenney** (1832–1907) war. In New York griff die Stadt nach der Errichtung des Equitable Building 1915 regulierend ein: Der 40 m hohe Bau sorgte für die Bestimmung, dass sich Wolkenkratzer künftig nach oben zu verjüngen hatten. Bekannteste Resultate dieser Direktive sind das Chrysler Building und das Empire State Building.

Auch in Chicago suchte man nach neuen Formen. **Louis H. Sullivan** (1856–1924) entwarf vom Material bestimmte, funktionale Gebäude mit sparsamer, origineller Ornamentik. Im Gegenzug propagierte **Ludwig Mies van der Rohe** (1886–1969) den bald landesweit verbreiteten International

Eingang des Sullivan Center in Chicago mit der für den Architekten typischen Ornamentik

Style. Zwischen beiden Extremen stand **Frank Lloyd Wright** (1867–1959), der einen organischen Bezug der Landschaft zu seinen Bauten bevorzugte.

Nach dem Zweiten Weltkrieg bekamen die architektonischen Einzelkämpfer Konkurrenz von den Architekturbüros. **Skidmore, Owings & Merrill (SOM)** erregte mit dem Sears Tower (heute Willis Tower) in Chicago Aufsehen, die Konkurrenten **Emery Roth & Sons** konzipierten unter Federführung Minuro Yamasakis das World Trade Center in New York. Zum Handlungsreisenden in Sachen Architektur wurde **I. M. Pei** (geb. 1917), der für die City Hall und den Hancock Tower in Boston, den East Wing der National Gallery in Washington, die Rock 'n' Roll Hall of Fame in Cleveland und das Four Seasons Hotel in New York verantwortlich zeichnet. 2003 erhielt **Daniel Libeskind** (geb. 1946) den Auftrag, auf Ground Zero, wo vor den Terroranschlägen vom 11. September 2001 die beiden Türme des World Trade Center standen, eine neue Hochhausgruppe zu bauen. Ihr zentrales Element sollte der Freedom Tower sein. Aus wirtschaftlichen Erwägungen ließ der Investor den Entwurf jedoch von **David Childs** (geb. 1941; SOM) überarbeiten und in One World Trade Center umbenennen. Der Wolkenkratzer ist mit 541,30 m (oder 1776 Fuß, eine Anspielung auf das Jahr der amerikanischen Unabhängigkeitserklärung) das höchste Gebäude der USA.

LITERATUR

Parallel zur britischen Kolonialisierung des amerikanischen Ostens entwickelte sich das literarische Schaffen, wobei die ersten Buchpublikationen theologischer Natur waren. Die von den Ideen der Aufklärung geprägten **Thomas Paine** (1737–1809) oder **Thomas Jefferson** (1743–1826) unterstützten in ihren Schriften die Unabhängigkeitsbestrebungen der Kolonien. In den Neuenglandstaaten etablierte sich Anfang des 19. Jhs. eine eigene Literaturrichtung, der Transzendentalismus. **Ralph Waldo Emersons** (1803–82) »Nature« gilt als Bibel der Bewegung, sein Schüler **Henry David Thoreau** (1817–62) beeinflusste mit seinem Werk »Von der Pflicht zum Ungehorsam gegen den Staat« u. a. Martin Luther King und Mahatma Gandhi.

In den Südstaaten war im frühen 19. Jh. die Sklaverei Thema in der Literatur, wobei die meisten Autoren keine moralischen Bedenken äußerten. Nicht so die Neuengländerin **Harriet Beecher-Stowe** (1811–96) in »Onkel Toms Hütte« – dem Antisklavereiroman schlechthin.

Neuenglands Berkshires waren Mitte des 19. Jhs. eine Hochburg amerikanischer Literaten. In Lenox schrieb **Nathaniel Hawthorne** (1804–64) u. a. »Der scharlachrote Buchstabe«, in Pittsfield entstand »Moby Dick« von **Herman Melville** (1819–91). An der Ostküste erlebte die Short Story ihre erste Blüte mit **Edgar Allen Poe, Mark Twain** und **Washington Irving.**

Die Lyrik erhielt in der zweiten Hälfte des 19. Jhs. durch **Walt Whitman** (1819–92) wichtige Impulse, sein Hauptwerk ist »Leaves of Grass«. Die Industrialisierung des Nordens führte zur kritischen Auseinandersetzung mit dem neuen Amerika, die »Amerikanische Tragödie« von **Theodore Dreiser** (1871–1945) gilt als Meilenstein. Dreiser prägte auch **John Dos Passos** (1896–1970), welcher die Gefährdung des Individuums durch die Industriegesellschaft beschrieb. Als deren Opfer sahen sich die Schriftsteller der Lost Generation: **Gertrude Stein, Ernest Hemingway** und **F. Scott Fitzgerald** rechneten in zynischen Romanen mit dem Amerika des frühen 20. Jhs. ab. Mit **Eugene O'Neill** (1888–1953) und **Tennessee Williams** (1914–83) erlangte das Drama in den USA Bedeutung. Wie Williams wählte auch der Romancier **William Faulkner** (1897–1962), ein bedeutender Vertreter der Moderne, New Orleans als Schaffensort. In Atlanta erschien 1936 **Margaret Mitchells** (1900–1949) Südstaatenroman »Vom Winde verweht«.

Nach dem Zweiten Weltkrieg ist der US-Roman international tonangebend, **Tom Wolfe** (1930–2018; »Fegefeuer der Eitelkeiten«), **Philip Roth** (1930–2018; »Der menschliche Makel«) oder **Paul Auster** (geb. 1947; »New York Trilogie«) seien hier nur stellvertretend genannt. Auch schwarze Autoren finden zunehmend Gehör, die bekanntesten sind wohl die Literatur-Nobelpreisträgerin **Toni Morrison** (geb. 1931; »Menschenkind«) und die Pulitzer-Preisträgerin **Alice Walker** (geb. 1944; »Die Farbe Lila«).

MUSIK

New Orleans gilt als Geburtsort des **Jazz,** hier verhalf Louis Armstrong (1900–71) dieser Musikrichtung zum Durchbruch. Als die verarmte Landbevölkerung im Ersten Weltkrieg in die Metropolen des Nordens auswanderte, nahm sie den Jazz mit, Hochburgen waren Chicago, St. Louis und New York. In den 1930ern entstand daraus der **Big-Band-Sound,** mit dem sich Benny Goodman und Glenn Miller einen Namen machten.

Der **Blues** war ursprünglich die Musik der schwarzen Sklavenarbeiter. Nach dem Zweiten Weltkrieg kam in den Großstädten, besonders in Chicago, der City Blues auf. Muddy Waters, Howlin' Wolf und Elmore James verstärkten die Musik elektrisch – die Stilrichtung wird Rhythm and Blues genannt, B. B. King und John Lee Hooker sind bekannte Interpreten.

Der **Rock 'n' Roll** entstand in Memphis, wo Elvis Presley zum Superstar avancierte. Für die Jugendlichen war die Musik Ausdruck ihrer Rebellion gegen alte Werte. Der Musikstil bekam Impulse von schwarzen Komponisten. Little Richard und Chuck Berry kreierten den harten Rock 'n' Roll.

Der in den Folgejahren dominierenden **Beatmusik** setzte Berry Gordy Jr. in Detroit den hämmernden, mitreißenden **Motown-Sound** entgegen. Das Label brachte Superstars wie Stevie Wonder oder die Supremes hervor.

Die als so typisch für die USA geltende **Countrymusik** (Hillbilly) entstand Anfang des 20. Jhs. in Tennessee. Angelsächsische Einwanderer spielten dort ihre Lieder auf Fiedeln, Banjos und Mandolinen. Musiker wie Earl Scrugg oder Lester Flatt brachten Tempo in die Songs und schufen so den **Bluegrass-Sound,** dessen bedeutendster Interpret Hank Williams war.

Jam Session im renommierten Spotted Cat Music Club, New Orleans

In den späten 1960ern erlebte die in den 1940ern von Musikern wie Woody Guthrie oder Pete Seeger geprägte **Folkmusik** ein Revival im Zuge der Friedens- und Hippie-Bewegung, mit Bob Dylan als bedeutendsten Songwriter. Unter Einfluss o. a. Musikrichtungen entstanden in den USA ab den 1960ern im Laufe der Jahrzehnte auch zahlreiche Genres der **Rockmusik.**

Nicht minder typisch ist das **Musical,** das seinen Siegeszug am New Yorker Broadway antrat. Komponisten wie Frederick Loewe (»My Fair Lady«), Leonard Bernstein (»West Side Story«), Galt McDermot (»Hair«) und Marvin Hamlisch (»A Chorus Line«) feierten damit auch international Erfolge.

Die New Yorker Gettos brachten in den 1970er-Jahren den **Rap** hervor, zu dessen ersten Stars Kurtis Blow und Grandmaster Flash zählten. Unter der Bezeichnung **Hip-Hop** hat er sich zu einer inzwischen kommerzialisierten Subkultur der urbanen Jugend weltweit entwickelt. Die berühmtesten Vertreter dieser Musikrichtung wie 50 Cent, Kanye West und der erfolgreichste weiße Rapper Eminem sind mittlerweile Multimillionäre.

In den Südstaaten und in den Ostküsten-Metropolen hat sich seit den 2010er-Jahren das Genre **Retro-Soul** herausgebildet. Künstler wie Sharon Jones & The Dap Kings spielen neue Musik im Stil der 1960er-/70er-Jahre und verwenden für die Plattenaufnahmen weitestgehend analoge Technik.

MALEREI

Als Vater der amerikanischen Malerei gilt **John Singleton Copley** (1738 bis 1815), dessen Porträt des Bostoner Nationalhelden Paul Revere in Amerika jedes Kind kennt. Berühmtheit erlangte auch **Gilbert Stuart** (1755–1828), der mit Vorliebe George Washington porträtierte. Nach der Unabhängigkeit zeigten die Künstler ihre Abnabelung vom Mutterland durch Landschaftsbilder, die Amerika als Garten Eden darstellen. Dies gilt besonders für die New Yorker Hudson River School um **Thomas Cole** (1801–1848).

Einen Kontrapunkt setzte die Ash-Can-Bewegung um **Robert Henri** (1865–1929), die Slums und Armut realistisch abbildete. **Edward Hoppers** (1882–1967) Altagsszenen zeigen die Vereinsamung des Individuums.

Die vor dem Naziregime aus Europa geflohenen Künstler gaben der US-Malerei neue Impulse. Nach 1945 entstand der Abstrakte Expressionismus, dann die Minimal Art und schließlich die viel diskutierte Pop Art. **Andy Warhol** (1928–87), **Roy Lichtenstein** (1923–97) und **Claes Oldenburg** (geb. 1929) sind die bekanntesten Vertreter dieser Kunstrichtung.

FESTE & VERANSTALTUNGEN

Die ethnische Vielfalt des Landes sorgt dafür, dass es beinahe täglich in irgendeiner Bevölkerungsgruppe etwas zu feiern gibt. Nur die größten dieser Volksfeste wie der irische St. Patrick's Day am 17. März oder der mexikanische Cinco del Mayo am 5. Mai werden landesweit begangen.

FESTKALENDER

Anfang Januar: Elvis Birthday Celebration in Graceland/Memphis zu Ehren des »King« (8.1.1935–16.8.1977).

2. Wochenende im Januar: Art Déco Weekend in Miami Beach mit Oldtimerparaden und Musik.

Mitte Februar/Anfang März: Mardi Gras, der weltberühmte Karneval von New Orleans mit farbenprächtigen Paraden.

März bis Anfang April: Pilgrimages in den Südstaaten, z. B. in Natchez. Viele sonst nicht zu besichtigende Herrenhäuser öffnen ihre Pforten (auch im Okt.). **Daytona Bike Week,** das weltgrößte Motorradtreffen in Daytona Beach.

17. März: St. Patrick's Day, Nationalfeiertag der Iren. Besonders prächtige Paraden in New York und Chicago, wo sogar der Chicago River grün gefärbt ist.

Mai: Memphis in May, ein vierwöchiges Festival mit Musik, Straßenfesten, Barbecue-Wettbewerb u. v. a. m.

Anfang Juni: Chicago Blues Festival, ein seit mehr als 30 Jahren stattfindendes Event mit vorwiegend lokaler, aber auch nationaler Top-Besetzung und mit einem jährlich wechselnden Motto.

Juni bis August: Shakespeare in the Park, Theater im New Yorker Central Park. Wesentlich kleiner, aber weltberühmt auch in Mobile/Alabama.

Anfang Juni: Scooper Bowl, das größte Eiscreme-Festival in den USA auf dem Boston Common.

Anfang bis Mitte Juni: Lilac Festival auf Mackinac Island/Michigan zur Fliederblüte.

Ende Juni/Anfang Juli: Taste of Chicago, größte Schlemmerorgie im Land mit unzähligen Essensständen.

Ende Juni bis Anfang September: Tanglewood Music Festival in Lenox/Massachusetts, das älteste und berühmteste Musikfestival der USA mit dem Boston Symphony Orchestra.

Am irischen St. Patrick's Day ist sogar der Chicago River grün

Anfang Juli: Boston Harborfest, ein sechstägiges »Unabhängigkeitsfest« an der Waterfront von Boston mit Feuerwerken, Paraden und Seafood-Festival.

4. Juli: Unabhängigkeitstag, Feste und Feuerwerk überall im Land, besonders spektakulär in der Hauptstadt Washington.

Anfang August: Elvis Week in Memphis mit musikalischen und sonstigen Kultur- und Unterhaltungsveranstaltungen zu Ehren von Elvis Presley.

31. Dezember: Silvesterfeste überall im Land. Legendär: die öffentliche Party am New Yorker Times Square.

ESSEN & TRINKEN

Das Vorurteil, die Amerikaner ernährten sich nur von Steaks und Hamburgern, hält sich hartnäckig. Wer mit derlei Erwartungen den Osten der USA bereist, wird sein blaues, meist kalorienreiches, Wunder erleben.

Schon das variationsreiche Frühstück lässt keine Wünsche offen. Auf der Speisekarte stehen Pfannkuchen einträchtig neben Omelettes, Waffeln neben Hamburgern. Entscheidet man sich für eine deftige Variante, gibt es dazu *hash browns,* eine Art Bratkartoffeln, und in den Südstaaten auch *grits,* eine gewöhnungsbedürftige Maisgrütze. Beinahe obligatorisch bei der Kaffeebestellung ist die Frage »regular or decaf«, normal oder koffeinfrei. Der Muntermacher wird immer wieder kostenlos nachgeschenkt.

Derart auf den Tag vorbereitet, ist das Mittagessen beinahe Nebensache. Die meisten Amerikaner begnügen sich mit einem Sandwich oder einem Salat. Am Abend dann schlägt die große Stunde der Gourmets, wobei das Esserlebnis je nach Ort höchst unterschiedlich ausfällt.

Im tiefsten Süden rund um New Orleans buhlen gleich zwei Küchenvarianten mit inzwischen nur noch marginalen Unterschieden um die Gunst der Touristen: Die französischen Einwanderer brachten die kreolische Art zu kochen mit und trafen auf die Kochkunst der aus Kanada eingewanderten Cajuns, denen man nachsagt, sie würden alles essen, was schwimmt, fliegt oder Beine hat – außer Schiffe, Flugzeuge und Stühle. In beiden Küchen wird an Tabasco und anderen scharfen Gewürzen nicht gespart. Unbedingt probieren sollte man *jambalaya,* die kreolische Variante der Paella, sowie *gumbo,* einen mit Reis servierten Eintopf aus Okraschoten und raffinierten, bisweilen undefinierbaren Zutaten.

Wesentlich feiner geht es beim Essen in den Neuenglandstaaten und an der Ostküste zu. Rund um Boston und in Maine wird Hummer *(lobster)* in solchen Mengen und zu so niedrigen Preisen angeboten, dass man sich um den Fortbestand der Art Sorgen machen könnte. Allgegenwärtig ist auch *clam chowder,* ein Eintopf mit Muschelfleisch und Kartoffeln. Ein kulinarisches Ereignis der besonderen Art sind die *clambakes:* Muscheln, Hummer, Kartoffeln und Zwiebeln werden auf Seegras über einem Feuer gedünstet, wobei Gesellschaft und Spaß eine ebenso große Rolle spielen wie das Gericht selber.

Wenn sonst mit Einschränkung, ist New York auf jeden Fall in kulinarischer Hinsicht ein »Melting Pot«. In den ca. 24 000 Restaurants und Imbissen der Stadt gibt es nichts, was es nicht gibt. In bescheidenerem Umfang gilt dies auch für Washington. Eine Spezialität der Chesapeake Bay sind die *blue crabs.* Einheimische Fischer behaupten, dass die Krustentiere am besten schmecken, wenn man sie bei Vollmond fängt …

Ein eigener Kochstil hat sich in jüngerer Zeit in Florida und besonders in Miami gebildet: Die sogenannte »New World Cuisine«, die sich durch frische Basisprodukte, leichte Soßen und innovative Zubereitung – oft mit karibischem oder fernöstlichem Touch – auszeichnet.

HOT DOG & CO.

Der Pioniergeist der Stadt St. Louis ist legendär. Einige erstaunliche Grenzüberschreitungen fanden in der Stadt am Mississippi auch auf kulinarischem Gebiet statt, wie z. B. »Toasted Ravioli«, also frittierte Ravioli. Die bedeutendsten Beiträge zur Esskultur aber verdankt St. Louis der Weltausstellung von 1904. Bei dieser Gelegenheit wurde nicht nur der Iced Tea erfunden, sondern auch der Hot Dog, der in 1001 Variationen seinen Siegeszug um die ganze Welt antrat. Damals wie heute besteht der Klassiker aus einem Frankfurter Würstchen, das mit Ketchup, Senf und Relish, einer Art Saure-Gurken-Mischung, bestrichen und zwischen zwei Brötchenhälften geklemmt wird. Gut für den kleinen Hunger zwischendurch!

Bei so viel kulinarischem Erfindungsreichtum bleibt kaum noch Platz für den amerikanischen Klassiker: ein deftiges, kurz gebratenes Steak. Doch keine Bange: Ein zünftiges Steakhouse findet man nach wie vor überall.

Bei den Getränken hat das legendär leichte Bier ernsthafte Konkurrenz bekommen. Landauf, landab stellen *microbreweries* Craft Beer her. Verfechter des 500 Jahre alten Deutschen Reinheitsgebots schlagen bei Bieren, denen z. B. Schokolade oder Honig beigefügt wird, zwar die Hände über dem Kopf zusammen, der Trend ist aber längst nach Europa übergeschwappt – im wahrsten Sinne des Wortes. Weine fristen – außer in gehobenen Restaurants – eher ein Schattendasein. Bei einem Chardonnay erhält man aber i.d.R. einen ganz guten Tropfen. Der kommt nicht nur aus dem kalifornischen Napa Valley, denn auch andere US-Weinanbaugebiete, wie jene von Virginia oder North Carolina, bauen Qualitätsweine aus.

Beim Restaurantbesuch sollte man die Etikette beachten: Selbst in gähnend leeren Lokalen wartet man am Eingang, bis man zum Tisch geführt wird. › mehr S. 19 Punkt 44 Und Trinkgeld für das Servicepersonal von mindestens 15 % des Rechnungsbetrages ist generell üblich. › mehr S. 19 Punkt 45 Immer mehr Restaurants schlagen bei Gruppen ab vier bis sechs Personen schon automatisch ein Trinkgeld von 15 bis 20 % auf die Rechnung auf. In Fast-Food-Restaurants wird kein Trinkgeld gegeben.

TRADITIONELLE MÄRKTE

- **Lancaster Central Market** J6: Der älteste Markt der USA wurde von CNN zu einem der Top-Ten-Märkte weltweit gekürt, in den Markthallen erwartet den Besucher ein Fest für alle Sinne (23 N. Market St., Lancaster, PA; Di und Fr 6–16, Sa 6–14 Uhr).
- **Union Square Greenmarket** c4: 1976 begann er als kleiner Farmer Market, heute ist der Union Square in Manhattan vor lauter Ständen und Menschen nicht mehr zu sehen (E. 17th St., New York; Mo, Mi, Fr, Sa 8–18 Uhr).
- **Coconut Grove Organic Market** J15: Viele Kunden gehen nicht mit Taschen voller Bioobst und -gemüse von dem Markt im Süden Miamis nach Hause, weil sie Delikatessen wie Smoothies oder veganes Eis gleich an Ort und Stelle verzehren (3300 Grand Ave.; Sa 10–19 Uhr).
- **French Market** C14: Über sechs Blocks erstreckt sich der Traditionsmarkt in New Orleans, mittwochs verkaufen auch die Farmer und Fischer aus der Umgebung ihre frischen Erzeugnisse (1235 N. Peters St., www.frenchmarket.org; Mi 14–18 Uhr).
- **Charleston City Market:** Obst und Gemüse spielen hier nur eine untergeordnete Rolle. Stattdessen gibt es eine riesige Auswahl von Modeartikeln, Kosmetik und Souvenirs. › S. 140

FÜR EINE HANDVOLL DOLLAR

Die Orlando Premium Outlets locken mit satten Rabatten

Darf's ein bisschen weniger sein? Auch wenn die US-Metropolen per se Shoppingparadiese sind und v.a. »Made-in-USA« oft deutlich günstiger ist als in der Heimat, sollte man auf die Preise schauen. Eine ideale Gelegenheit für Schnäppchen bieten Outlet Malls – Einkaufszentren, in denen angebliche Überschussware mit Preisreduktionen an die Käufer gebracht werden soll.

DIE WIEGE DES OUTLET SHOPPING

In **Reading** › S. 72, etwa eine Stunde von Philadelphia entfernt, eröffnete 1971 die **VF Corporation** das erste Outlet Center der USA. Heute gibt es hier Hunderte Fabrikverkäufe, die besonders attraktiv sind, da in Pennsylvania keine Steuern auf Kleidung und Schuhe erhoben werden. Das Tourismusbüro informiert u.a. über alle Outlets und weitere Shoppingmöglichkeiten in Reading.

- **VF Outlet** J5
  739 Reading Ave. (im Vanity Fair Center)
  West Reading | PA 19611
  Tel. 610-373-2159
  http://vfoutlet.com/vf-outlet-center
  Mo–Sa 9.30–21, So 10–18 Uhr
- **Reading and Berks County Visitors Bureau** J5
  2525 N. 12th St. | Reading | PA 19605
  Tel. 610-375-4085
  www.visitpaamericana.com

SAWGRASS MILLS UND PHILADELPHIA MILLS

Sawgrass Mills ist die Königin der Outlet Malls. Millionen von Kauflustigen zieht es jährlich in die mehr als 300 Geschäfte bei Fort Lauderdale, mit Schwerpunkt bei Markenkleidung und -schuhen. Wie bei einer klassischen Shopping Mall gibt es auch in Sawgrass Mills ein großes Unterhaltungsangebot sowie mehrere Food Courts zur Stärkung. Besucher sollten am Infostand nach einem *coupon book* für zusätzliche Rabatte fragen.

Für Freunde hochwertiger Luxusartikel von Armani bis Zegna sind es von Sawgrass Mills nur ein paar Schritte zu den dazugehörigen **The Colonnade Outlets.**

Ebenfalls zum Sawgrass-Mills-Eigner, der Simon Group, gehören seit 2014 die **Philadelphia Mills** (früher Franklin Mills). Mit weit über 200 Shops ist sie die größte Mall im Raum Philadelphia, deren Shopping- und Unterhaltungsangebot ab 2015 weiter wächst.

- **Sawgrass Mills** J15
  12801 West Sunrise Blvd.
  Sunrise | FL 33323
  Tel. 954-846-2300 od. 1-800-FL-Mills
  www.sawgrassmillsmall.com
  Mo–Sa 10–21.30, So 11–20 Uhr
- **Philadelphia Mills** J6
  1455 Franklin Mills Circle
  Philadelphia | PA 19154
  Tel. 215-632-1500
  www.simon.com/mall/philadelphiamills
  Mo–Sa 10–21, So 11–19 Uhr

ORLANDO PREMIUM

Wer in Orlando zwischen den Vergnügungsparkbesuchen auch mal shoppen will, der findet eine große Auswahl an Markenkleidung und -accessoires namhafter Labels zu Schnäppchenpreisen in den beiden Malls von **Orlando Premium Outlets** mit zusammen weit über 300 Geschäften.

- **Orlando Premium Outlets** H14
  Nähe Disney World, rund 150 Stores.
  8200 Vineland Ave. | Tel. 407-238-7787
  Nähe Universal, ca. 180 Stores.
  4951 International Dr. | Tel. 407-352-9600
  www.premiumoutlets.com
  tgl. 10–23 Uhr

DIE SALES TAX

Angenommen, Sie kaufen eine Jeans für 40 US-$. Wenn Sie diese Hose in New Hampshire zur Kasse bringen, zahlen Sie tatsächlich 40 US-$, in Illinois hingegen stehen plötzlich zusätzlich 6,25 % Sales Tax auf dem Kassenbon. Diese Steuer ist selbst für Amerikaner ein Buch mit sieben Siegeln. Nicht nur, dass jeder Bundesstaat einen anderen Steuersatz hat, es gibt auch noch Unterschiede bei der Besteuerung von Kleidung, Lebensmitteln oder Medikamenten. Die Kommunen dürfen zudem noch zusätzliche Steuern erheben, in direkter Nachbarschaft zu US-Bundesstaaten mit niedrigeren Steuersätzen gibt es oft eine Befreiung von der Sales Tax. Im Shopping-Paradies New York City werden z. B. zusätzlich zu den 4 % Sales Tax des Staates noch bis zu 4,875 % städtische Steuern fällig, bei Kleidung und Schuhen jedoch erst ab einem Artikelpreis über 110 $ – die Nähe zu New Jersey, wo Kleidung steuerfrei ist, sorgte für Druck.

Die aktuellen Steuersätze einzelner Bundesstaaten findet man unter www.taxrates.com/state-rates.

Blick vom New Yorker Rockefeller Center
über Central Park und Upper Manhattan

TOUREN & SEHENSWERTES

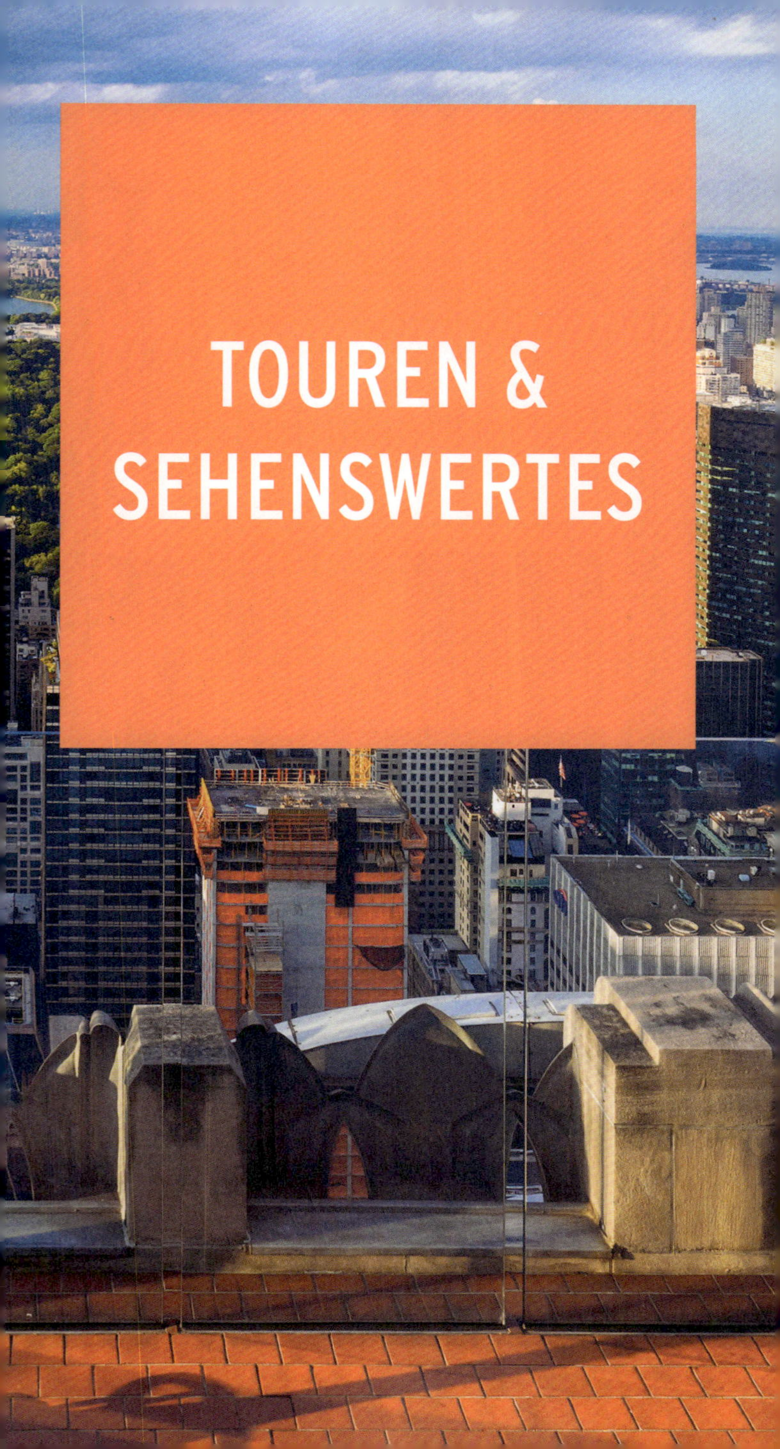

DIE OSTKÜSTEN-METROPOLEN

Streets of Philadelphia – im gehobenen Wohnviertel Society Hill

Kontraste in jeder Hinsicht findet man in der Ostküstenregion des gigantischen Dreigestirns New York – Philadelphia – Washington, D.C. und seinem grünen Hinterland mit den Appalachen oder dem Amish Country.

Willkommen in der Megalopolis von New York City im Norden bis nach Richmond/Virginia im Süden. Dieses gigantische Städteband, an dem sich die Metropolitan Areas von New York, Philadelphia und Washington-Baltimore aufreihen, sprengt jegliche Dimensionen.

Unbestrittener Star in diesem Trio ist New York City, mit mehr als 8 Mio. Einwohnern die größte Metropole der USA. Sie begeistert den Besucher mit puslierender Urbanität und multikultureller Atmosphäre. New York ist in jeder Hinsicht Weltklasse, seien es Wahrzeichen wie Freiheitsstatue, Empire State Building, Brooklyn Bridge und das neue One World Trade Center oder das überragende Museen- und weitere Kulturangebot. Kein Wunder, dass der »Big Apple« für viele die spannendste Metropole weltweit ist.

Nach US-Dimensionen nebenan fungiert Philadelphia als Gedächtnis und Gewissen der Nation. Hier wurden die Unabhängigkeitserklärung verkündet und die Verfassung der USA beschlossen. Wer den Kult, der im Independence National Historic Park um die Ereignisse des 18. Jhs. getrieben wird, zu verstehen versucht, wirft einen tiefen Blick in die Seele der Amerikaner.

Über dessen Schicksal – und auch weit darüber hinaus – wird weiter südlich in Washington, D.C. entschieden, der Hauptstadt der USA und dem Zentrum der Weltmacht, wo im Weißen Haus der US-Präsidenten residiert. Ihm als Zaungast so nah zu sein, sorgt für ein eigentümliches Gefühl. Darüber hinaus hat aber Washington noch mehr zu bieten, wie die großartigen Museen rund um die Monumente von »The Mall« bis zum Kapitol.

Aber im zentralen Osten der USA findet man nicht nur Weltstadtflair. In der Region Lancaster kommt man in einer komplett anderen Welt an, jener der Amish People, die noch wie vor 300 Jahren leben. Und selbst im am dichtesten besiedelten Teil der USA sind es relativ kurze Distanzen bis in unberührt wirkende Naturlandschaften wie den Shenondoah National Park.

Zudem gewährt die Region Einblicke in Hoch- und Tiefpunkte der Geschichte der Vereinigten Staaten: Williamsburg belebt die Kolonialzeit wieder, während die einstige Südstaatenhauptstadt Richmond an den Bürgerkrieg erinnert. Und wie es sich für eine Küstenregion gehört, laden immer wieder Strände zu Auszeiten vom Besichtigungsprogramm ein, wie etwa an der Jersey Shore mit dem einst mondänen Badeort und heutigen Spielerparadies Atlantic City.

TOUREN IN DER REGION

TOUR 1

CITYHOPPING

ROUTE: New York › Philadelphia › Washington

KARTE: Seite 58
DAUER/LÄNGE: 9 Tage; 380 km
PRAKTISCHE HINWEISE:

- Die Zugtickets müssen in den USA im Voraus erworben werden (Reservierungspflicht, Eisenbahngesellschaft Amtrak: Tel. 1-800-USA-RAIL bzw. 800-872-7245, www.amtrak.com).
- Der Aufpreis für die Businessclass-Waggons oder für Schnellzüge lohnt sich angesichts der relativ kurzen Distanzen nicht (Fahrzeit New York – Washington etwa 3,5 Std.).
- Bei einigen Verbindungen besteht die Möglichkeit, Gepäck vor der Abfahrt einzuchecken.

TOUR-START:

Warum immer fliegen? Zwischen den Metropolen des Ostens gibt es auch ein ausgezeichnetes Bahnnetz. Da die Züge Dutzende Male am Tag fahren, ist die Flexibilität groß. Es liegt in der Hand des Reisenden, wie viel Zeit er sich für die einzelnen Städte nimmt. Mindestens drei Tage pro Stadt sollten es aber schon sein.

Los geht es in **New York** 1 › S. 60, in Manhattan. Die Züge fahren an der Pennsylvania Station in der 34th Street ab, und damit nicht weit entfernt von den wichtigsten Sehenswürdigkeiten in Midtown wie Empire State Building, Times Square, Rockefeller Center oder Central Park sowie von den herausragenden Museen wie dem Museum of Modern Art.

Mit dem Zug ist man in eineinhalb Stunden in **Philadelphia** 3 › S. 69. Von der Station an der 30th Street fährt die U-Bahn ins touristische und historische Herz der Stadt an der 6th Street, wo der Independence National Historic Park Amerikas Unabhängigkeit glorifiziert. Ein möglicher Abstecher führt zur hochkarätigen Kunst des Philadelphia Museum of Art.

Die Zugfahrt von Philadelphia nach **Washington** 8 › S. 73, wo man an Union Station ankommt, dauert etwa zwei Stunden. Der aufwendig restaurierte Bahnhof ist eine Sehenswürdigkeit für sich, unweit davon findet man sich buchstäblich im Zentrum der Macht wieder. Das Kapitol ist nur einige Schritte entfernt. An der anschließenden National Mall müssen Museumsfreunde aufpassen, dass sie sich nicht zwischen Weltklasse-Ausstellungen verlieren, denn natürlich hat Washington viel, viel mehr zu bieten: vom Weißen Haus bis zum Lincoln Memorial, vom National Monument bis zur Library of Congress.

New Yorks Pennsylvania Station ist einer der wichtigsten Eisenbahnknotenpunkte der USA

TOUR 2

AMERIKAS GRÜNDERVÄTER

ROUTE: New York > Philadelphia > Annapolis > Washington > Richmond > Williamsburg > Virginia Beach > Ocean City > Atlantic City > New York

KARTE: Seite 58
DAUER/LÄNGE: 10 Tage; 1350 km
PRAKTISCHE HINWEISE:

- Den Mietwagen bucht man am besten erst für die Zeit nach dem New-York-Aufenthalt. In Philadelphia und Washington kann man auf das Auto verzichten und es z. B. am Hotelparkplatz lassen.
- In Atlantic City locken die Kasino-Hotels oft mit sehr attraktiven Angeboten, die zum Spielen animieren sollen – ist aber nicht Pflicht.

TOUR-START:

Bei dieser etwa zehntägigen Tour erlebt man die Metropolen New York, Philadelphia und Washington, macht einen Ausflug zurück in die Zeit der Gründerväter, relaxt am Strand und kann nach Belieben dem Glücksspiel frönen.

Von **New York** 1 > S. 60 aus geht es durch New Jersey zunächst nach **Philadelphia** 3 > S. 69, dann über Marylands noch kolonial geprägte Hauptstadt **Annapolis** 9 > S. 78 nach **Washington** 8 > S. 73. Das nächste Ziel ist Virginias Hauptstadt **Richmond** 10 > S. 79 mit ihren Zeugnissen konföderierter Vergangenheit. In **Williamsburg** 11 > S. 79 lassen kostümierte Schauspieler im historischen Stadtzentrum täglich die Kolonialzeit hochleben.

Anschließend besteht im lebhaften Virginia Beach J8 die Möglichkeit, einen Tag am langen Sandstrand einzulegen. Über bzw. durch den imposanten, 37 km langen Chesapeake Bay Bridge Tunnel ge-

TOUREN IN DER OSTKÜSTEN-REGION

TOUR 1

CITYHOPPING

New York > Philadelphia > Washington (Eisenbahn)

TOUR 2

AMERIKAS GRÜNDERVÄTER

New York > Philadelphia > Annapolis > Washington > Richmond > Williamsburg > Virginia Beach > Ocean City > Atlantic City > New York

TOUR 3

DURCH DEN SHENANDOAH NATIONAL PARK

Philadelphia > Lancaster > Gettysburg > Shenandoah National Park > Waynesboro > Washington > Annapolis > Philadelphia

langt man zur nächsten Tourenetappe, der Delmarva Peninsula. Die 300 km lange Halbinsel mit ihren familienfreundlichen Stränden hat den indianisch klingenden Namen von den drei US-Staaten Delaware, Maryland und Virginia (Del-Mar-Va). Bademöglichkeiten gibt es beispielsweise in und um Ocean City K6. Von Lewes aus geht es mit der Fähre nach Cape May und von dort an der Jersey Shore weiter zurück nach New York. Unterwegs wartet noch **Atlantic City** 7 › S. 72 mit seinen Kasino-Megabauten auf Glücksritter und Strandurlauber.

TOUR 3

DURCH DEN SHENANDOAH NATIONAL PARK

ROUTE: Philadelphia › Lancaster › Gettysburg › Shenandoah National Park › Waynesboro › Washington › Annapolis › Philadelphia

KARTE: Seite 58

DAUER/LÄNGE: 5 Tage; 1055 km

PRAKTISCHER HINWEIS:

- In Lancaster/Dutch Country sollte man berücksichtigen, dass man sich nicht in einem Museumsdorf befindet, sondern dass hier die Amish People bis heute ihren Glauben pflegen. Nicht bei jedem vermeintlich idyllischen Fotomotiv ist also die Kamera zu zücken.

TOUR-START:

Selbst in der am dichtesten besiedelten Region der USA ist es mit dem Auto kaum mehr als eine Stunde, um der Stadthektik zu entfliehen. Die Fahrt durch das idyllische Pennsylvania Dutch Country und den spektakulären Shenandoah National Park lässt vergessen, dass man sich nicht allzuweit von der Bundeshauptstadt weg befindet.

Von **Philadelphia** 3 › S. 69 aus führt die Tour ins nahe **Lancaster** 4 › S. 71, die Hauptstadt des Pennsylvania Dutch Country. Dies ist die Heimat der ländlichen, konservativen Glaubens- und Lebensgemeinschaft der Amish People.

In der Umgebung der Kleinstadt Gettysburg H6 tobte 1863 eine der blutigsten Schlachten zwischen Nord- und Südstaaten, im National Military Park wird das Gedenken an die Ereignisse gepflegt.

Über das Städtchen Front Royal gelangt man dann in den Shenandoah National Park H7. Die Fahrt über den 172 km langen Skyline Drive nach Waynesboro entlang des Bergrückens der Blue Ridge Mountains, begleitet von herrlichen Blicken auf das Shenandoah Valley, ist zu jeder Jahreszeit spektakulär. Wer nach Shenandoah, übersetzt »Tochter der Sterne«, Lust hat auf noch mehr Landschaftserlebnis, setzt in Waynesboro die Fahrt auf dem anschließenden Blue Ridge Parkway in Richtung Süden fort.

In jedem Fall führt der Weiterweg dieser Tour über **Washington** 8 › S. 73 und **Annapolis** 9 › S. 78 zurück nach **Philadelphia**.

UNTERWEGS IN DER REGION

NEW YORK CITY

1 ★ K5

Wall Street und Wolkenkratzer, Broadway und Brooklyn Bridge, Freiheitsstatue und Fifth Avenue – wohl keine andere Stadt weckt so viele Assoziationen wie New York, der Inbegriff der Neuen Welt. Nach ein paar Tagen im »Big Apple« liebt man die Stadt abgöttisch, oder schwört, auf ewig einen weiten Bogen um die Metropolis zu machen.

Als erster Europäer, der einen Fuß auf die Halbinsel setzte, gilt der Brite Henry Hudson, der 1609 den später nach ihm benannten Hudson River hinaufsegelte. 1626 kaufte Peter Minuit, der Gouverneur von »Nieuw Amsterdam«, den Indigenen Manhattan für ein paar Glasperlen ab. 1664 übergab Gouverneur Peter Stuyvesant die Stadt kampflos den Engländern, die sie nach dem Herzog von York umbenannten und bis zum Ende des Unabhängigkeitskrieges (1776 bis 1783) besetzt hielten. Bereits im frühen 19. Jh. galt New York in der Alten Welt als Tor zum »Land der unbegrenzten Möglichkeiten«.

In der zweiten Hälfte des 20. Jhs. erlebte der »Big Apple« einen Niedergang, um daraus nur umso gestärkter hervorzugehen. Selbst die fatalen Terroranschläge vom 11. September 2001 auf das World Trade Center unterbrachen den Aufschwung nur kurzzeitig.

LIBERTY UND ELLIS ISLAND

Wer seine Tour an der Südspitze Manhattans beginnt, erhält einen eher untypischen ersten Eindruck von der Stadt. Im **Battery Park** Ⓐ [b/c6 ist nichts zu spüren von der Hektik und dem Trubel. Stattdessen sitzen hier Banker aus dem nahen Finanzviertel und essen mit spitzen Fingern Hot Dogs, haben Rentner ihre Schachbretter aufgeklappt.

Am Fähranleger starten die Schiffe zur **Statue of Liberty** ★1 auf **Liberty Island** und zur Einwandererinsel Ellis Island. Die 46 m hohe, auf einem riesigen Sockel stehende Freiheitsstatue war ein Geschenk Frankreichs und galt als Symbol gemeinsamer Freiheitsliebe. Vom Elsässer Bildhauer Frédéric Auguste Bartholdi geschaffen, trafen 1885 die Einzelteile der Statue in 200 Kisten im New Yorker Hafen ein. Nach langer Sperrung ist der Zugang in die Krone der Statue für eine limitierte Besucherzahl möglich (tgl. 9–17 Uhr; Reservierung erforderl. unter Tel. 201-604-2800, www.statuecruises.com; Tickets an Fährschaltern im Castle Clinton National Monument im Battery Park/Manhattan oder in New Jersey, 18,50 $, Crown Ticket 21,50 $).

Der Anblick der Freiheitsstatue war der erste Eindruck der Einwanderer von der Neuen Welt. Der zweite war weniger erhaben, wie ein Besuch des **Immigration Museum** in der einstigen Kontrollstation auf **Ellis Island** zeigt. Die Anlage wurde

»Lady Liberty« vor der Skyline von Manhattan

nach den Verwüstungen durch Hurrikan »Sandy« 2012 aufwändig renoviert. Eine Tour führt die Besucher, wie seinerzeit die über 16 Mio. Immigranten, durch den Gepäckraum in eine Riesenhalle, in der die Neuankömmlinge ängstlich auf die Entscheidung der Einreisebehörde warteten. Neben den Standard-Museumstour (im Fährpreis inkl.) gibt die »Hard Hat Tour« (65,50 $ inkl. Fähre) einen exklusiven Blick hinter die Kulissen des einstigen Einwanderzentrums (www.nps.gov/elis).

Die schönste Hafenrundfahrt in New York ist übrigens gratis: einfach mit der **Staten Island Ferry** von der Südspitze Manhattans aus hin- und zurückfahren (Whitehall Ferry Terminal, Tel. 718-273-8400, www.siferry.com; 24-Std.-Betrieb).

LOWER MANHATTAN

Zurück in Manhattan wartet die Ikone all jener, die es im »Land der unbegrenzten Möglichkeiten« geschafft haben: Wer Wall Street sagt, spricht von der **New York Stock Exchange** B c6. Das 1903 erbaute Heiligtum des Aktienmarktes ähnelt einem Tempel. Dessen mächtige Säulen sind 2007/08 durch die Finanzkrise gehörig ins Wackeln gekommen, scheinen aber in jüngerer Zeit wieder so stabil wie zuvor.

Mehr als 30 Jahre lang dominierten die beiden Stahltürme des World Trade Center die Skyline von New York. Einge zu allem entschlossene Terroristen reichten am 11. September 2001 (»9/11«), um die Symbole der freien Welt einstürzen zu lassen. Den Drahtseilakt, eine der wertvollsten städtischen Flächen wieder kommerziell zu nutzen, gleichzeitig aber der schrecklichen Ereignisse und vor allem der fast 3000 Toten zu gedenken, löste man mit einem Kompromiss: Die eine Hälfte von **Ground Zero** nehmen nun ein Mahnmal und ein Museum ein, die andere das **One World**

New York City
0 1 Meile
0 1 Kilometer
Harlem
Central Park
The Met Breuer
UPPER EAST SIDE
Bloomingdale's
Central Park Sth.
Queensboro Bridge
Roosevelt Island
QUEENS
MANHATTAN
Macy's
CHELSEA
High Line Park
MEAT-PACKING DISTRICT
Whitney Museum
GREENWICH VILLAGE
SOHO
LITTLE ITALY
TRIBECA
CHINA-TOWN
LOWER EAST SIDE
Williamsburg Bridge
Manhattan Bridge
Brooklyn Bridge
BROOKLYN
BROOKLYN HEIGHTS
Battery Park
Statue of Liberty, Ellis Island
Hudson River
East River
Henry Hudson Pkwy.
West Side Highway
Franklin D. Roosevelt Drive
West 57th St.
East 57th St.
West 42nd St.
East 42nd St.
West 34th St.
East 34th St.
West 14th St.
East 14th St.
Houston St.
Broadway
Fifth Avenue
Avenue of the Americas
Canal St.
Chambers St.
Esplanade
Brooklyn Queens Expressway
A B C D E F G H I J K L M N O P Q R S

Trade Center Ⓒ b6 (»1 WTC«), der 2014 fertiggestellte und mit 541 m höchste Wolkenkratzer der Stadt und des Landes. › mehr S. 16 Punkt 25 Die Auffahrt zu den Aussichtsdecks **One World Observatory** ist spektakulär, der Fernblick ebenso (www.oneworldobservatory.com; 34 $, VIP-Tickets 56 $).

Das Gedenken an die Opfer der Terroranschläge geriet eindrucksvoll: Zwei Bassins nehmen die Grundfläche der einstigen Twin Towers ein, die Namen aller Anschlagsopfer sind in Bronze in die Pools eingraviert. Eine weitläufige Grünanlage mit 400 Bäumen machen das **9/11 Memorial** zu einer ruhigen Oase im hektischen Finanzdistrikt. Das dazugehörige **9/11 Museum** ruft in einer eindrucksvollen, aber auch kontrovers diskutierten Ausstellung die schrecklichen Ereignisse vom 11. September 2001 in Erinnerung (Tel. 212-266-5211, www.911memorial.org; So–Do 9 bis 20, Fr/Sa bis 21 Uhr, letzter Einlass 2 Std. vor Schließung, 24 $).

- Ⓐ Battery Park
- Ⓑ New York Stock Exchange
- Ⓒ Ground Zero
- Ⓓ World Financial Center
- Ⓔ St. Paul's Chapel
- Ⓕ Woolworth Building
- Ⓖ Brooklyn Bridge
- Ⓗ Dumbo
- Ⓘ New Museum of Contemporary Art
- Ⓙ Washington Square Park
- Ⓚ Highline Park
- Ⓛ Empire State Building
- Ⓜ Times Square
- Ⓝ Chrysler Building
- Ⓞ United Nations Headquaters
- Ⓟ Rockefeller Center
- Ⓠ Museum of Modern Art
- Ⓡ Metropolitan Museum of Art
- Ⓢ Solomon R. Guggenheim Museum

Nach 9/11 dominierten die vier Türme des **World Financial Center** Ⓓ b6 die Szenerie, bevor sie vom One World Trade Center buchstäblich in den Schatten gestellt wurden. Etwas mehr davon wünscht sich so mancher an heißen Tagen auf der Esplanade, dem einzigen Weg Südmanhattans direkt am Wasser und bei den New Yorkern beliebt für die Mittagspause.

Als Oase inmitten der hektischen Stadt fungiert die am Broadway gelegene **St. Paul's Chapel** Ⓔ c6. 1766 vollendet, ist sie die älteste Kirche Manhattans (209 Broadway; Mo–Sa 10–18, So 8–18 Uhr).

Unweit des altehrwürdigen Gotteshauses steht die »Cathedral of Commerce«, wie das **Woolworth Building** Ⓕ c6 im Volksmund genannt wird. Von 1913 bis 1930 trug der 240 m hohe Wolkenkratzer mit seiner sich verjüngenden Pyramidenspitze und neogotischen Verzierungen den Titel höchstes Gebäude von New York. Die Touren durch die Lobby des Woolworth Building sind ziemlich exklusiv und teuer (30 bis 45 $, Voranmeldung nötig unter woolworthtours.com).

Wer noch einen tollen Blick auf die Skyline Manhattans genießen will, sollte einen Spaziergang über das Wunderwerk der Brückenbaukunst, die **Brooklyn Bridge** Ⓖ c/d6 machen. An deren Ende wartet eine Überraschung: **Dumbo** Ⓗ d6 – kurz für »Down Under Manhattan Bridge Overpass« – ein In-Viertel mit Galerien, Bars und Theatern.

Schon auf dem Broadway kündigt die Anhäufungen chinesischer Schriftzeichen an, dass **Chinatown** nicht mehr fern ist. 70 000 bis 150 000 Einwanderer (genauere Zahlen gibt es nicht) und deren Nachkommen aus China, Taiwan und Hongkong leben in der turbulenten Enklave um die Canal Street.

Über **Little Italy** mit zum Teil noch authentischem italienischem Flair gelangt man nach **SoHo** – kurz für »South of Houston« (Street). Das Viertel entstammt einer Ära, als Ingenieure in New York auf Gusseisen als Baumaterial schworen. Heute befinden sich Galerien, flippige Geschäfte und ausgefallene Restaurants in den alten Fabriken. Das an gestapelte Bauklötze erinnernde Gebäude beherbergt das **New Museum of Contemporary Art** I c5 (www.newmuseum.org; Di–So 11–18, Do 11–21 Uhr, 22 $).

Beinahe nahtlos geht SoHo in **Greenwich Village** über, ein fast kleinstädtisch anmutendes Viertel, bekannt für seine verwinkelten Straßen, als Treffpunkt der Bohemiens und Intellektuellen und für seine Bars und Kneipen. Der **Washington Square Park** J b/c4 im Herzen des Village war einst Zentrum der Hippie-Bewegung und ist jetzt ein beliebter Hangout.

Richtung Hudson River, zwischen Greenwich Village und Chelsea, hat sich das ehemalige Schlachthausviertel **Meatpacking District** vom Künstlerrefugium zu einem In-Quartier gewandelt, mit Galerien, schicken Boutiquen und hippen Klubs. Folgt man der Gansevoort Street, gelangt man zum Eingang des **High Line Park** K a/b3/4 – und spaziert in 10 m Höhe durch eine Grünanlage auf einer früheren Hochbahntrasse, die über knapp 2,5 km bis hinauf zur 34th Street verläuft (www.thehighline.org).

Der Washington Square mit Triumphbogen ist ein beliebter Treff in Greenwich Village

Eine weitere Aufwertung erfuhr das Viertel durch den Umzug des **Whitney Museum of American Art** von Midtown hierher. Der lichte Renzo-Piano-Bau bildet den passenden Rahmen für die Sammlung von US-Kunst des 20/21. Jhs., von der nur ein Teil der 18 000 Werke gezeigt werden kann (99 Gansevoort St., www.whitney.org; tgl. 10.30–17, Fr/Sa bis 21 Uhr, 25 $).

MIDTOWN

Das 381 m hohe **Empire State Building** L b3 war 1931–1973 und dann wieder nach 9/11 das höchste Gebäude der Stadt, bis es vom One World Trade Center > S. 61 übertrumpft wurde. Als es in der Weltwirtschaftskrise, eröffnet wurde, hatte es den Ruf als »achtes Weltwunder« weg. Die jährlich 4 Mio. Besucher der Aussichtsterrassen im 86. Stock haben wegen der langen Warteschlangen mehr als genug Zeit, die imposante Art-déco-Lobby zu bewundern. Für ihre Geduld werden sie mit einem faszinierenden Ausblick belohnt (www.esbnyc.com; Aussichtsdeck tgl. 8–2 Uhr, ab 37 $, mit Topdeck ab 57 $).

Vom Empire State Building aus ist der **Times Square** M b3, das Zentrum des Theaterviertels, nicht zu übersehen. Ein Abstecher in das lichtüberflutete, inzwischen verkehrsberuhigte Herz von Midtown lohnt besonders abends.

Eine glänzende Erscheinung ist das **Chrysler Building** N c3: Die eigenwillige Architektur mit dem glitzernden Stahlturm haben den Wolkenkratzer berühmt gemacht.

Und 10 Gehminuten in Richtung East River steht man vor dem imposanten Komplex der **United Nations Headquarters** O c3 (Tickets ab 22 $ für Führungen nur online, http://visit.un.org).

Fast hat man in der riesigen Anlage des **Rockefeller Center** P b2 mit Büros und Geschäften, Restaurants und Unterhaltungspalästen das Gefühl, nicht mehr in Manhattan zu sein. > mehr S. 17 Punkt 35 Zentrum der Anlage und beliebter Treff ist die Lower Plaza. Die Aussichtsplattform **Top of the Rock** im 70. Stockwerk bietet ein fantastisches Stadtpanorama – und ist nicht so überlaufen wie die des Empire State Building (www.topoftherocknyc.com; tgl. 8–0.30 Uhr, ab 36 $).

Auch das **Museum of Modern Art** Q b2 ist untrennbar mit dem Namen Rockefeller verbunden. Der Multimillionär war wichtiger Mäzen des Museums, in dem Kunst des 19. und 20. Jhs. von Cézanne bis Warhol zu bestaunen ist. Trotz seiner Erweiterung kann das MoMA nur einen Teil seiner rund 150 000 Gemälde, Zeichnungen, Drucke, Skulpturen und Designstücke sowie der Foto- und Medienkunstsammlung zeigen (www.moma.org; tgl. 10.30–17.30, Fr bis 20 Uhr; 25 $, Fr 16–20 Uhr Eintritt frei). Auch die Eröffnung der »Filiale« **MoMA PS1** in Queens reduziert die Platznot nur bedingt (22–25 Jackson Ave.).

UPTOWN

Bevor man sich weitere Museen zu Gemüte führt, bietet sich ein Besuch im **Central Park** an. Den 4 km

Das Solomon R. Guggenheim Museum ist auch ein architektonisches Kunstwerk

langen, nur 500 m breiten Streifen gestalteten die Landschaftsarchitekten Frederick Law Olmsted und Calvert Vaux. Am Ostrand liegt das **Metropolitan Museum of Art** R b1. Dessen Spektrum reicht von ägyptischer Kunst (Prunkstück ist der Tempel von Dendur) über griechische, römische, asiatische und islamische bis zur modernen Kunst und einem Skulpturengarten. Nach dem Wegzug des »Whitney« › S. 65 hat »The Met« auch noch Räumlichkeiten an der Madison Ave., Höhe 75th St., übernommen und zeigt dort als **The Met Breuer** Ausstellungen v. a. moderner und zeitgenössischer Kunst (945 Madison Ave., www.metmuseum.org; tgl. 10 bis 17.30, Fr/Sa bis 21 Uhr, 25 $).

Beim **Solomon R. Guggenheim Museum** S c1 sorgt schon die Architektur für Aufsehen. Frank Lloyd Wright schuf in den 1950er-Jahren einen sich nach oben weitenden Bau, der an ein Schneckenhaus erinnert. Innen führt eine spiralförmige Rampe nach oben, vorbei an Werken namhafter Künstler wie Renoir, Cézanne, van Gogh, Chagall, Miró oder Kandinsky (www.guggenheim.org; tgl. außer Do 10 bis 17.45, Sa 10–19.45, Ende Juni bis Anf. Sept. Di 10–21 Uhr, 25 $).

HARLEM

Vor nicht allzu langer Zeit wäre Touristen von einem Abstecher nach Harlem abgeraten worden. Heute ist das Viertel hip, Attraktionen wie das **Apollo Theater,** in dem die Weltkarriere vieler schwarzer Musiker begann, haben sich auf die neuen Besucher eingestellt und bieten »Historic Tours« an (253 W. 125th St., Tel. 212-531-5300, www.apollotheater.org). Und sonntags kann man mit ein bisschen Glück Zeuge sein, wie bei einem Gospelgottesdienst der Glaube buchstäblich zelebriert wird. Die bekannteste Veranstaltung dieser Art in der **Abyssinian Baptist Church** ist so beliebt, dass man sich für den 10-Uhr-Gottesdienst spätestens um 9 Uhr anstellen sollte, außer evtl. in der Nebensaison (132 Odell Clark Place, www.abyssinian.org).

INFO

NYC & Company

- www.nycgo.com
- NYC Information Centers: bei Macy's Herald Square (151 W. 34Th St.; Mo–Sa 10–22, So 11–21 Uhr); Times Square (Broadway Plaza, zwischen 43rd und 44th St.; tgl. 8–19 Uhr); City Hall (Broadway, am Südende vom City Hall Park; Mo–Fr 9–18, Sa/So 10–17, Fei 9–15 Uhr)

VERKEHRSMITTEL

- **Flughäfen:** Infos über die drei New Yorker Airports: www.panynj.gov. John F. Kennedy International Airport (JFK), 24 km östl. in Queens; Verbindung nach Manhattan mit GO Airlink NYC oder Super Shuttle (22–30 $; www.goairlinkshuttle.com, www.supershuttle.com) oder Taxi (Pauschaltarif ab 52 $, werktags 16 bis 20 Uhr 56,50 $ plus Gebühren für Tunnel und 10–15 % Trinkgeld); der JFK-Airtrain fährt für 5 $ zur Bahnstation »Jamaica«, dort Anschluss an Nahverkehrszüge der Long Island Railroad (LIRR, Ziel: Pennsylvania Station) und zur U-Bahn. Newark International Airport, 26 km westl.; gut erreichbar mit Newark Air Train, Fahrzeit nach Downtown Manhattan ca. 30 Min. (ca. 18 $; Tel. 1-888-397-4636). Viele Inlandsflüge landen auf dem La Guardia Airport, 15 km östl. von Manhattan in Queens; von dort mit dem NYC Airporter Bus alle 30 Min. zur Grand Central und Penn Station (13 $; www.nycairporter.com, Tel. 718-777-5111).
- **Bahnhöfe:** Manhattan hat zwei Großbahnhöfe: Pennsylvania Station (8th Ave./W. 31st St.), Grand Central Terminal (Park Ave./E. 42nd–44th Sts., www.grandcentralterminal.com).
- **Busbahnhof:** Der zentrale Port Authority Bus Terminal liegt in Manhattan zw. 8th und 9th Aves. und 40th bis 42nd Sts. (Tel. 212-564-8484, www.panynj.gov).
- **Stadtverkehr:** 24 Subway- und gut 200 Buslinien sowie Nahverkehrszüge, betrieben von der Metropolitan Transport Authority (Infos: www.mta.info).

HOTELS

Four Seasons €€€

Luxus pur in Nähe des Central Park. Selbst im 52. Stock des Hotelbaus von Stararchitekt I. M. Pei haben einige Zimmer noch eine kleine Terrasse.

- 57 E. 57th St. | Tel. 212-758-5700 www.fourseasons.com/newyork

Club Quarters Wall Street €€

Die Zimmer sind zwar, typisch New York, winzig, dafür nur wenige Gehminuten vom One World Trade Center entfernt. Internet, Trinkwasser, Tee und Kaffee gratis.

- 52 William St. | Tel. 212-269-6400 www.tinyurl.com/kv97l7x

Hotel Vetiver €€

Den z. T. unverschämten Hotelpreisen in Manhattan kann man entgehen, wenn man z. B. nach Queens ins Vetivier ausweicht (kurze U-Bahn-Fahrt is Zentrum). In einigen der modern eingerichteten Zimmer gibt es Kühlschrank und Mikrowelle – und einen atemberaubenden Skyline-Blick.

- 29-11 39th Ave. | Long Island City Tel. 718-440-9933 | www.hotelvetiver.com

Karte S. 62

TYPISCHE NEW YORKER DELIS

Ein Besuch in einem der oft jüdischen Delis (von »Delicatessen«) ist auch eine kulinarische Zeitreise:

- **Katz's Delicatessen**
  Berühmt nicht erst seit Meg Ryans Gefühlsausbruch im Film »Harry und Sally«; Spezialität: riesige Pastrami-Sandwiches.
  205 E. Houston St.
  Tel. 212-254-2246
  http://katzsdelcatessen.com
- **Barney Greengrass**
  Das Interieur ist zwar angejahrt, die Gerichte sind aber köstlich und die Portionen riesig.
  541 Amsterdam Ave.
  Tel. 212-724-4707
  www.barneygreengrass.com
- **Russ & Daughters Cafe**
  Vor allem als Frühstücksafé ist dieses Deli populär, spezialisiert auf Lachsgerichte. Leider zu den Hauptessenszeiten völlig überlaufen.
  127 Orchard St. | Tel. 212-475-4881
  www.russanddaughterscafe.com
- **2nd Ave Deli**
  Auch nach Umzug aus dem East Village samt hebräischer Deko berühmt für generöse Portionen; Spezialität ist Leber.
  162 E. 33rd St. | Tel. 212-689-9000
  www.2ndavedeli.com
- **Ben's of Manhattan**
  Koscheres in großer Verkaufs- und Speisehalle, dennoch langes Warten auf einen Tisch.
  209 W. 38th St. | Tel. 212-398-2367
  www.bensdeli.net

Paramount New York €€
Ebenso berüchtigt für seine winzigen Zimmer wie berühmt für sein elegantes Design; in Bestlage Nähe Times Square.
- 235 W. 46th St. | Tel. 212-764-5500
  www.nycparamount.com

Washington Square Hotel €€
Beliebt wegen seiner fantastischen Lage mitten in Greenwich Village. Gemütlich eingerichtete Zimmer.
- 103 Waverly Place | Tel. 212-777-9515
  www.wshotel.com

Riff Chelsea €–€€
Auch in New York kann man halbwegs günstig übernachten – wenn man bereit ist, Abstriche beim Komfort zu machen und z. B. auf ein eigenes Bad zu verzichten. Eine solche Herberge ist das Riff Chelsea, mit poppig designten kleinen Zimmern. Man sollte frühzeitig buchen!
- 300 W. 30th St. | Tel. 212-244-7827
  www.riffhotels.com

RESTAURANTS

Daniel €€€
Das Restaurant von Daniel Boulud wurde schon mehrfach zum besten in New York City gewählt. Den Erfolg versilbert der Besitzer nun in der Upper East Side. Serviert wird französische Küche.
- Park Ave./60 E. 65th St.
  Tel. 212-288-0033 | www.danielnyc.com

Victor's Café €€
Seit mehr als 50 Jahren angesagtes kubanisches Restaurant, ideal für einen Besuch vor oder nach einer Broadway-Show. Angeblich gibt es hier die besten Margaritas der Stadt.
- 236 West 52nd St. | Tel. 212-586-7714
  www.victorscafe.com

Jing Fong €
Das Hongkong Dim Sum in Chinatown zählt zu den besten der Stadt. Die Auswahl ist riesig, das Hallenambiente Geschmackssache.
- 20 Elisabeth St. | Tel. 212-964-5256 www.jingfongny.com

NIGHTLIFE

- Hochkarätige Opernaufführungen bietet die **Metropolitan Opera Company** (im Lincoln Center, Programm und Karten: www.lincolncenter.org), Klassik die **Carnegie Hall** (57th St./7th Ave., www.carnegiehall.org). Im **City Center** kommt v. a. moderner Tanz zur Aufführung (131 W. 55th St., www.nycitycenter.org).
- Popkonzerte finden in der **Radio City Music Hall** (1260 6th Ave., www.radiocity.com) statt, Großevents im **Madison Square Garden** (7th Ave., 31st–33rd St., www.thegarden.com).
- So legendär wie überlaufen ist das **Blue Note** in Greenwich Village, wo auch internationale Jazzgrößen spielen (131 W. 3rd St., www.bluenotejazz.com).
- Tickets zum halben Preis für Theater und Musical am Veranstaltungstag gibt es bei **TKTS** am Times Square (47th St./Broadway, www.tdf.org); Filialen: South Street Seaport und Lincoln Center.
- Hier findet man gute Kultur- und Veranstaltungstipps und -programme: **New York Times** (Freitagsausgabe), **New York Magazine** (www.nymag.com), **Time Out** (www.timeout.com/newyork) und **Village Voice** (www.villagevoice.com).

SHOPPING

- »Die« Einkaufsstraße für den praller gefüllten Geldbeutel ist die **Fifth Avenue,** in **SoHo, Tribeca** und **Greenwich Village** findet man interessante Boutiquen und Ausgefallenes.
- Nicht fehlen auf der Shoppingtour darf natürlich **Macy's** (151 W. 34th/Broadway): Das nach Eigenwerbung weltgrößte Kaufhaus lässt keinen Wunsch offen.
- Zum Macy's-Konzern gehört längst auch das Nobelkaufhaus **Bloomingdale's** (1000 3rd Ave./59th St.).
- Outletshopping ist in Downtown bei **Century 21** möglich (22 Cortlandt St.).

AUSFLUG NACH ELIZABETH 2 K5

New York ist zwar ein Shoppingparadies, aber es geht noch besser: Vom zentralen Busbahnhof an der 8th Ave. fahren die Linien 111 und 115 zur nahen Outlet Mall **The Mill at Jersey Gardens,** der größten des Bundesstaates New Jersey. In Elizabeth, nahe dem Newark Airport, findet man 230 Filialen aller wichtigen Handelsketten unter einem Dach, Kleidungseinkäufe sind hier steuerfrei › S. 51 (651 Kapkowski Road, Tel. 908-436-3005, www.jerseygardens.com; Mo–Sa mind. 10 bis 21, So mind. 11–19 Uhr).

PHILADELPHIA 3 J6

Die Stadt am Delaware River mit ihren 1,58 Mio. Einw. wird oft und gerne als »Wiege der Nation« bezeichnet. In der heute fünftgrößten Metropole Amerikas wurde die amerikanische Unabhängigkeitserklärung zu Papier gebracht und die Verfassung des jungen Landes ausgearbeitet. Zwischen 1790 und 1800 hatte Philadelphia den Status der Bundeshauptstadt.

INDEPENDENCE NATIONAL HISTORICAL PARK

Die Stätten des Unabhängigkeitskampfes sind im National Historical Park im Stadtzentrum zu besichtigen. Als Ausgangspunkt empfiehlt sich das **Independence Visitor Center** (599 Market St., Tel. 1-800-537-7676, www.phlvisitorcenter.com). › mehr S. 19 Punkt 42 Hier erhält man – so lange der Vorrat reicht – Gratis-Tickets für die Independence Hall (Reservierung: www.recreation.gov/ticket/facility/234639).

Vom Besucherzentrum spaziert man zunächst zur **Carpenters' Hall.** In dem Ziegelbau trat 1774 der First National Congress mit Abgesandten von zwölf Kolonien zusammen (320 Chestnut St.; Di–So 10 bis 16 Uhr, Jan.–Febr. nur Mi–So).

Am **Franklin Court** ehrt Philadelphia seinen einflussreichsten Bürger, Benjamin Franklin (1706 bis 1790). Stahlsäulen markieren die Stelle, an der sein Heim stand, ein unterirdisches Museum stellt ihn als Multitalent und »Gründervater« vor (Chestnut St. 3rd/4th Sts.).

Der Bau des Pennsylvania State House mit dem eigenwilligen achteckigen Turm, die heutigen **Independence Hall,** war der Sitz der Kolonialverwaltung und Nukleus der Unabhängigkeitsbewegung. Berühmt wurde sie als Ort der Unterzeichnung der Unabhängigkeitserklärung am 4. Juli 1776 und der Ausarbeitung der Verfassung von 1787 (Chestnut St., 5th/6th Sts.).

Lange Zeit beherbergte die Independence Hall das wichtigste Freiheitssymbol der USA, die Liberty Bell. Zur 200-Jahr-Feier der Unabhängigkeit 1976 bekam die berühmte Glocke dann aber einen eigenen Ehrenplatz: im **Liberty Bell Center** (Chestnut, 5th/6th Sts.).

Auf der Market Street nach Westen erhebt sich die imposante viktorianische **City Hall,** fertiggestelllt 1901. Ihren 167 m hohen Turm krönt eine Satue des Staats- und Stadtgründers William Penn.

Das Philadelphia Museum of Art ist eines der bedeutendsten Kunstmuseen der USA

KUNSTMUSEEN

Ein Highlight ist das 1876 gegründete **Philadelphia Museum of Art** mit weit über 200 000 Gemälden, Skulpturen und historischen Objekten aus Europa, Asien und den USA. Einen Schwerpunkt bildet die europäische Malerei des 14.–19. Jhs. mit Werken von Rubens bis van Gogh (26th St./Benjamin Franklin Pkwy., www.philamuseum.org; Di bis So 10–17, Mi u. Fr bis 20.45 Uhr, Zweitagesticket inkl. Rodin Museum 20 $). > mehr S. 17 Punkt 34

Ein weiterer Höhepunkt in der Nähe ist das **Rodin Museum** mit der größten Werkschau des Künstlers außerhalb von Paris (22nd St./Benjamin Franklin Pkwy., www.rodinmuseum.org; Mi–Mo 10–17 Uhr).

INFO

Philadelphia CVB

- 1601 Market St. | Philadelphia PA 19103 | Tel. 215-636-3300 www.discoverphl.com

HOTELS

Loews Philadelphia €€

Ein Traum in Art-déco ist das in einer ehemaligen Bankenzentrale untergebrachte Hotel, im Erdgeschoss steht noch der Safe. Fantastische Ausblicke aus den oberen Stockwerken.

- 236 W. 52nd St. | Tel. 215-627-1200 www.loewshotels.com

The Independent €€

Das Innenstadthotel mit seinen 24 Zimmern wird gerühmt für den persönlichen und individuellen Service.

- 1234 Locust St. | Tel. 215-772 1440 www.theindependenthotel.com

RESTAURANTS

Buddakan €€–€€€

Eines der beliebtesten Altstadt-Restaurants, das sich der asiatisch-pazifischen Küche verschrieben hat. Trotz guter Kritiken preislich nicht abgehoben.

- 325 Chestnut St. | Tel. 215-574-9440 www.buddakan.com

The Continental €€

Mit dem chromblitzenden Diner startete 1995 die Karriere von Lokalmatador Steven Starr. Serviert werden sowohl uramerikanische als auch internationale Gerichte.

- 138 Market St. | Tel. 215-923-6069 www.continentalmartinibar.com

LANCASTER 4 J6 UND DUTCH COUNTRY

Eine der größten Touristenattraktionen Pennsylvanias ist das Dutch Country, jenes Gebiet, in dem die Amish People noch heute so zu leben versuchen wie vor Hunderten von Jahren. Längst hat die Region um die County-Hauptstadt **Lancaster** gelernt, von dem Besucherinteresse zu profitieren – auch wenn das ironischerweise dem Lebensziel der strenggläubigen Amish zuwiderläuft. Einen fundierten Einblick in die Geschichte des Pennsylvania Dutch Country und die Gebräuche seiner Bewohner erhält man im **Visitors Center.** Am Stadtrand von Lancaster findet man eine Art Freilichtmuseum: **The Amish Farm & House** (2395 Covered Bridge Dr., Tel. 717-394-6185, www.amishfarmandhouse.com; auch Touren durch Lancaster County).

Karte S. 58

INFO

Discover Lancaster Visitors Center

- 501 Greenfield Rd. | Lancaster PA 17601 | Tel. 1-800-723-8824 www.discoverlancaster.com

HOTEL

Lancaster Arts Hotel €€–€€€

Das Boutiquehotel mit liebevoll eingerichteten Zimmern befindet sich unter dem Dach einer ehemaligen Tabaklagerhalle.

- 300 Harrisburg Ave. | Lancaster Tel. 717-299-3000 www.lancasterartshotel.com

HERSHEY 5 J5

»Eine Stadt, die auf Schokolade gebaut ist« – so wirbt Hershey, knapp 50 km von Lancaster entfernt, für sich. Der berühmte Süßwarenproduzent Milton S. Hershey (1857 bis 1945) träumte davon, den idealen Ort für seine Angestellten zu bauen. Heute dreht sich in Hershey alles um Schokolade. Hauptattraktion ist **Hershey's Chocolate World**, ein Besucherzentrum mit Shops und Restaurants, wo auch Touren zur Geschichte der Schokolade starten (251 Park Blvd., Tel. 717-534-4900, www.hersheypa.com).

Für den Vergnügungspark **Hersheypark**, u.a. mit rund einem Dutzend Achterbahnen, sollte man reichlich Zeit einplanen (www.hersheypark.com). Wenn es dann etwas später geworden ist, bietet das **Hotel Hershey** außer opulenten Zimmern die Möglichkeit einer Schokoladenbehandlung im Spa (100 Hotel Rd., Tel. 717/533-2171, www.thehotelhershey.com; €€€).

READING 6 J5

Reading mit seinen 88 000 Einwohnern wäre wohl auf ewig unscheinbar geblieben, wenn nicht in den ehemaligen Fabriken des ortsansässigen Bekleidungskonzerns VF Corporation (Wrangler, Lee, The North Face) in den 1970er-Jahren das Experiment gestartet worden wäre, erstmals Überproduktionen und Auslaufsortimente zu erheblich reduzierten Preisen zu verkaufen. Deshalb nennt sich Reading, nicht ohne Stolz, »die Wiege des Outlet-Shopping« › S. 50, im Laufe der Zeit haben sich auch zahlreiche weitere Outlet-Stores und -Malls angesiedelt (www.visitpaamericana.com).

ATLANTIC CITY 7 K6

Vor nicht allzu langer Zeit galt Atlantic City neben Las Vegas als die zweite große Zockermetropole in den USA. Aber spätestens seit dem Siegeszug der Online-Spielbanken stemmt sich der einst mondäne Badeort gegen den Abstieg in die Bedeutungslosigkeit. Sinnbildlich hierfür steht das frühere Kasino-Aushängeschild Taj Mahal, das 2016 seine Türen schloss und inzwischen als **Hard Rock Hotel and Casino Atlantic City** wiedereröffete (1000 Boardwalk, www.hardrockhotelatlanticcity.com). Das Ende des Taj Mahal bedeutete also nicht, wie von vielen geunkt, den Niedergang von Atlantic City. Es gibt auch nach wie vor einige Luxus-Kasino-Hotels wie das **Caesar's** (2100 Pacific Ave., www.caesarsac.com), das **Golden**

Nugget (600 Huron Ave., www.goldennugget.com/atlanticcity) oder das etwas abseits vom Trubel gelegenen **Borgata** (1 Borgata Way, www.theborgata.com).

Und eines hat Atlantic City Las Vegas voraus: den Strand und den 8 km langen **Boardwalk,** der die Illusion von der guten, alten Zeit heraufbeschwört. Dazu passen die hier auf- und abfahrenden traditionellen Rikschas › S. 11. Zentraler Punkt der holzbeplankten Flaniermeile war der **Million Dollar Pier,** der 1906 in Form eines Ozeandampfers gebaut wurde. Leider kam man auf die »grandiose« Idee, das Prunkstück in ein zweistöckiges Einkaufszentrum zu verwandeln.

INFO

AC Boardwalk Information Center

- Boardwalk Hall | Atlantic City NJ 08401 | Tel. 609-348-7100 www.atlanticcitynj.com

HOTEL

Courtyard Marriott Atlantic City €€

Wer nicht in einem der Kasino-Hotels absteigen will, kann das komfortabel-funktionale Haus in Boardwalk-Nähe ansteuern.

- 1212 Pacific Ave. | Tel. 609-345-7070 www.marriott.com

RESTAURANT

Knife & Fork Inn €€€

Eine Institution in Atlantic City seit mehr als 100 Jahren. Angeblich serviert das Seafood-Restaurant die beste Bouillabaisse außerhalb von Marseille.

- 3600 Atlantic/Pacific Aves. Tel. 609-344-1133 www.knifeandforkinn.com

WASHINGTON 8 ★ J7

1600 Pennsylvania Avenue ist eine Adresse, die es in sich hat. Denn das berühmte Bauwerk, das hier steht, ist ein Sinnbild für weltpolitische Macht: das Weiße Haus als Sitz des US-Präsidenten, wo 2017 als »No. 45« der Unternehmer und Milliardär Donald Trump einzog. Und nicht weit davon entfernt erhebt sich die zweite Schaltzentrale für die Innen- und Außenpolitik der USA: das Kapitol, wo der Kongress tagt. Dazwischen verläuft die Prachtstraße National Mall.

KAPITOL 2

Etwas erhoben am Beginn der National Mall thront seit dem 19. Jh. das imposante **United States Capitol** A d2, 229 m lang, 107 m breit

Die kuppelgekrönte Rotunde des Kapitols

und mit mehr als 550 Räumen im Inneren. Durch massive Bronzetüren betritt man die gigantische runde Lobby mit einem Durchmesser von mehr als 30 m, über die sich die riesige Kuppel spannt, die ein Fresko ziert, in dem man auch George Washington entdeckt. Der Opulenz des Kapitols steht auch das ultramoderne Besucherzentrum nicht nach. Eintrittskarten für den Besuch des Kapitol sollte man vorab online buchen (www.visitthecapitol.gov, Mo–Sa 8.30–16.30 Uhr, Touren 8.40 bis 15.20 Uhr).

Bis 1935 war der Oberste Gerichtshof ein Untermieter des Kapitols. Inzwischen ist der **Supreme Court** B d2 in einem von Cass Gilbert entworfenen Marmorbau an der Nordwestseite des Capitol Hill untergebracht.

Aus Platzgründen musste auch die **Library of Congress** C d2 aus dem Kapitol weichen, der größte Teil in das dahinterliegende Thomas Jefferson Building. Die Bibliothek besitzt die weltgrößte Sammlung an Büchern, Zeitschriften, Broschüren, Fotos und Karten (www.loc.gov; Mo–Sa 8.30–16.30, Führungen stdl. Mo–Fr 10.30 bis 15.30, Sa bis 14.30 Uhr und keine Tour um 12.30 Uhr).

MUSEEN AN DER NATIONAL MALL

Vom Capitol Hill bis zum Potomac River erstreckt sich »The Mall«, ein weitläufiger Grünstreifen, an dem Washingtons bedeutendste Museen liegen. Fast ein Dutzend davon, mit freiem Eintritt, gehören zu der renommierten **Smithsonian Institution,** deren Hauptsitz seiner mittelalterlichen Architektur wegen **The Castle** D c2 heißt. Dort befindet sich auch das Smithsonian Information Center (tgl. 10–17.30 Uhr; www.si.edu). Eine Attraktion der Smithsonian ist das **National Air and Space Museum** E c2. Vom ersten klapprigen Motorflugzeug der Gebrüder Wright bis hin zum Gestein, das die Besatzung der Apollo 17 vom Mond mitbrachte, ist hier alles geboten, was mit Luft- und Raumfahrt zu tun hat (tgl. 10 bis 17.30 Uhr).

Nebenan präsentiert das **National Museum of the American Indian** F c2 (NMAI) die erste Dauerausstellung in den gesamten USA, die ausschließlich den indigenen Völkern des Kontinents gewidmet ist, mit über 8000 Exponaten (tgl. 10–17.30 Uhr).

Gegenüber befindet sich die **National Gallery of Art** G c2. Deren umfangreiche Gemäldesammlung wurde auf zwei Komplexe verteilt. Im klassizistischen westlichen Gebäude, entworfen von John Russell Pope, fanden Gemälde von Meistern des 13. bis 20. Jhs. Platz, im modernen Ostflügel, einem Bau von I. M. Pei, werden Werke von europäischen und amerikanischen Künstlern des 20. Jhs. präsentiert (www.nga.gov; Mo–Sa 10–17, So 11–18 Uhr).

Beschaulich geht es in den **National Archives** H c1/2 zu. Hier lagern in 21 Stockwerken die wertvollsten Verträge und Urkunden der amerikanischen Vergangenheit, da-

US-Luftfahrtgeschichte im National Air and Space Museum

runter die Unabhängigkeitserklärung, die Verfassung der USA, eine Abschrift der Magna Charta von 1297 und die Bill of Rights (Eingang Constitution Ave., www.archives.gov; tgl. 10–17.30 Uhr).

Ein ausgestopfter Elefant begrüßt die Besucher im **National Museum of Natural History** I c2, im Raum nebenan hängt ein Blauwalmodell von der Decke, einen Raum weiter lassen sich Dinosaurierskelette bestaunen. Hier wird Erdgeschichte interessant vermittelt.

Die Ausstellungen im **National Museum of American History** J c2 nebenan gehören zum Pflichtprogramm jedes Schülers. Anhand von Exponaten aus der Kolonialzeit und Nachbildungen von Räumen des Weißen Hauses wird dem Besucher die amerikanische Geschichte näher gebracht.

WHITE HOUSE K b1

Nach seinem Amtsantritt hat Präsident Obama ein Wahlkampfversprechen eingelöst und das Weiße Haus wieder für Führungen geöffnet. Um eines der begehrten Tickets muss man sich allerdings als Ausländer mindestens einen Monat im Voraus über die heimische Botschaft in Washington bewerben. Bleibt in den meisten Fällen also weiterhin nur, als Zaungast am Eingang die weltberühmte schlossartige Machtzentrale, zu bestaunen.

Kleiner Trost: Das **White House Visitor Center** bietet eine umfangreiche Ausstellung zum Weißen Haus mit seinen 123 Räumen (1450 Pennsylvania Ave., Tel. 202-208-1631, www.nps.gov/whho; tgl. 7.30 bis 16 Uhr). Oder als Alternative: der **Ellipse Visitor Pavillion** (15th/E Sts.; Mo–Fr 9–17 Uhr).

MAHNMALE UND MONUMENTE

Mit betroffenen Gesichtern kommen die Besucher aus dem **United States Holocaust Memorial Museum** Ⓛ b2. Die Aufbereitung der Verfolgung und Ermordung von 6 Mio. Juden, politisch Andersdenkenden und sozial abseits Stehenden geht unter die Haut (www.ushmm.org; tgl. 10–17.20 Uhr).

Der Beklemmung, die der Besuch des Holocaust Memorial mit sich bringt, begegnet man am besten mit einem Gang zum **Washington Monument** Ⓜ b2. Anno 1848 begann man mit dem Bau des 170 m hohen, von den Flaggen der 50 US-Bundesstaaten umgebenen Obelisken, eingeweiht wurde das Denkmal erst 1884. Vom Aussichtsdeck hat man einen wunderbaren Blick (www.nps.gov/wamo; tgl. 9 bis mind. 16.45 Uhr, im Sommer bis 21.45 Uhr; Eintrittskarten vorab unter Tel. 1-877-444-6777, Restkarten am Monument).

Etwas abseits der Museen rund um die Mall beobachtet eine 6 m große, lebensnah wirkende Statue des Bürgerkriegspräsidenten Lincoln am **Lincoln Memorial** Ⓝ a2 die Szenerie. Am Washington Monument vorbei und über die Mall hinweg blickt man von hier direkt

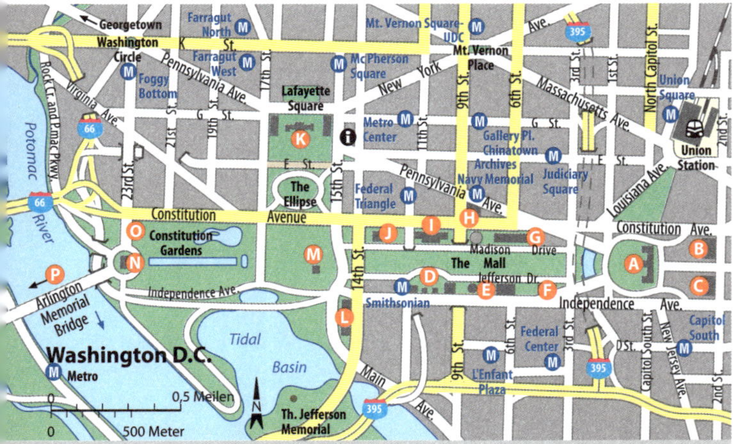

Ⓐ United States Capitol
Ⓑ Supreme Court
Ⓒ Library of Congress
Ⓓ Smithsonian Castle
Ⓔ National Air and Space Museum
Ⓕ National Museum of the American Indian (NMAI)
Ⓖ National Gallery of Art
Ⓗ National Archives
Ⓘ National Museum of Natural History
Ⓙ National Museum of American History
Ⓚ White House
Ⓛ United States Holocaust Memorial Museum
Ⓜ Washington Monument
Ⓝ Lincoln Memorial
Ⓞ Vietnam Veterans Memorial
Ⓟ Arlington National Cemetery

auf das Kapitol. Die 36 dorischen Säulen, die dem Marmorbau das Aussehen eines griechischen Tempels geben, stehen für die 36 Bundesstaaten zu Lincolns Zeiten.

Die riesige Mauer des **Vietnam Veterans Memorial** O a2 verfehlt ihre Wirkung nicht. Die Namen von fast 60 000 gefallenen oder vermissten Soldaten sind in den schwarzen Granit eingraviert. Noch heute versammeln sich hier Angehörige und Veteranen, legen Blumen und Gaben nieder.

Der berühmteste Friedhof der USA, der **Arlington National Cemetery** P a2, liegt auf der anderen Seite des Potomac River. Von einer Ruhestätte für die 200 000 dort Bestatteten, darunter Nationalhelden und berühmte Politiker Amerikas, kann kaum die Rede sein. Tag für Tag zieht es Besucherströme auf den Friedhof und v. a. zu den Gräbern der ermordeten Brüder John F. und Robert Kennedy. Am **Grabmal des Unbekannten Soldaten,** von Paradesoldaten bewacht, findet der Wachwechsel zu jeder vollen, im Sommer zu jeder halben Stunde statt (www.arlingtoncemetery.mil).

INFO

Destination DC

- 901 7th Street N.W. | 4th Floor
  Washington | DC 20001-3719
  Tel. 202-789-7000 | www.washington.org

VERKEHRSMITTEL

- **Flughäfen:** Dulles International Airport, www.flydulles.com, 42 km südwestl.; alle 15–20 Min. Shuttle Washington Flyer (5 $; Tel. 703-572-8294) zur U-Bahn-Station Wiehle-Reston East. Baltimore-Washington International Airport, www.bwiairport.com, 48 km nordöstl.; in die Stadt mit Amtrak ab BWI Marshall Rail Station (etwa 15 $; per Shuttle an Terminals angebunden). Ronald Reagan National Airport, www.mwaa.com/reagan, stadtnah südwestl.; sowohl mit U-Bahn als auch Bussen erreichbar.
- **Bahnhof:** Ein Amtrak-Knotenpunkt für Züge aus den ganzen USA ist die Union Station, (50 Massachusetts Ave. N.E., Tel. 1-800-872-7245, www.amtrak.com).
- **Stadtverkehr:** Metrorail und Busse der WMATA bedienen die Innenstadt und Außenbezirke (Tel. 202-637-7000, www.wmata.com).

HOTELS

The Dupont Circle €€–€€€
Ideal gelegen, um Washington mit öffentlichen Verkehrsmitteln zu erkunden. Häufig als Sonderangebot zu haben.

- 1500 New Hampshire Ave N.W.
  Tel. 202-483-6000
  www.doylecollection.com

Woodley Park Guest House €€
Gemütliches B-&-B-in einem schönen Wohngebiet nordwestlich des Zentrums.

- 2647 Woodley Rd. N.W.
  Tel. 202-667-0218
  www.woodleyparkguesthouse.com

RESTAURANTS

Le Diplomate €€€
In dem bei Washingtons Politikern beliebten französischen Bistro mit erlesener Speisekarte wurden schon Michelle Obama, Joe Biden oder Ex-US-Außenminister John Kerry gesehen.

- 1601 14th St NW, Tel. 202-332-3333
  www.lediplomatedc.com

Karte S. 76

GRATIS ERLEBEN

- Rund um die Uhr verbindet die **Staten Island Ferry** Manhattan mit der Insel, die Fahrt ist kostenlos. Dabei eröffnet sich ein toller Blick auf die Skyline von **New York.** Interessant ist auch die Beobachtung der Pendler, die dies komplett ignorieren. > **S. 61**
- Die vom **Smithsonian Institution** kuratierten Museen entlang der Mall in **Washington** laden allesamt zu einem kostenlosen Besuch ein, ein Publikumsmagnet ist das National Air and Space Museum. > **S. 74**
- Disneyland-Tickets reißen einen Krater ins Urlaubsbudget. Wie schön, dass es in **Orlando** auch etwas gratis gibt: Der Eintritt zu **Downtown Disney,** einer Vergnügungslandschaft mit mehreren Showbühnen, ist frei. > **S. 119**
- Die nach Westen ausgerichteten Strände an Floridas Golfküste bieten spektakuläre Sonnenuntergänge, wie etwa in **Clearwater Beach** – nur die Sundowner sind nicht gratis. > **S. 122**
- Jedes Jahr im April findet in **New Orleans** > S. 128 Lousianas größtes Musikfest statt: Beim **French Quarter Festival** erklingen in der Stadt auf rund einem Dutzend Bühnen Jazz, Latin, Blues, Swing, Rock und andere Rhythmen – und dies alles gratis und mit abwechslungsreichem Rahmenprogramm (Infos: www.fqfi.org).

Zaytinya €€–€€€
Ein außergewöhnlicher Mix aus griechisch-libanesisch-türkischer Küche, wobei man sich sein Menü aus vielen Kleinigkeiten *(mezze)* zusammenstellt. Ohne Reservierung lange Wartezeiten.
- 701 9th St. N.W. | Edison Place
  Tel. 202-638-0800 | www.zaytinya.com

Jaleo €€
Umfragen und Auszeichnungen zufolge gibt es hier die besten Tapas.
- 480 7th St. N.W. | Tel. 202-628-7949
  www.jaleo.com

NIGHTLIFE

Einige hervorragende Restaurants und Lokale liegen rund um die M Street und die Wisconsin Avenue N.W. im atmosphärischen Stadtteil **Georgetown.**

Tortilla Coast
Zeitlos-populäres Lokal in Downtown, berüchtigt für seine Killer-Margaritas.
- 400 1st St. S.E. | Tel. 202-546-6768
  www.tortillacoast.com

Blues Alley
Seinem Namen zum Trotz wird vor allem Mainstream Jazz und Dixieland gespielt.
- 1073 Wisconsin Ave. N.W.
  Tel. 202-337-4141 | www.bluesalley.com

ANNAPOLIS 9 J6

Obwohl Annapolis fast 100 km von der Atlantikküste entfernt liegt, verfügt Marylands kleine Hauptstadt (39 000 Einw.; www.visit-annapolis.org) über einen respektablen Hafen – die lang gezogene Chesapeake Bay macht's möglich. Hier befindet sich eine der renommiertesten Ausbildungsstätten der Marine, die 1845 gegründete **US Naval Academy.** Ein kleines Museum in der Preble Hall dokumentiert die Navy-Historie (Eingang King George/Randall Sts., www.usna.edu/museum).

Im Zentrum von Annapolis ist das **Maryland State House** (1772) am State Circle unübersehbar. Kein anderes Parlamentsgebäude Amerikas wird so lange genutzt, hier wurde 1784 der Vertrag von Paris unterzeichnet, der den Unabhängigkeitskrieg beendete (tgl. 9–17 Uhr).

RICHMOND 10 J7

Virginias Hauptstadt (227 000 Einw.) hat eine wechselvolle Geschichte: 1775 wurden in der **St. John's Church** emotionale Unabhängigkeitsplädoyers gehalten, keine 100 Jahre später, im Sezessionskrieg, war Richmond die Hauptstadt der Südstaaten. Natürlich darf hier ein Bürgerkriegsmuseum, das **American Civil War Museum,** nicht fehlen. Dazu gehört auch das **White House of the Confederacy** nebenan, in dem der Südstaatenpräsident Jefferson Davis residierte (beide: Tel. 804-649-1861, 1201 East Clay St., www.acwm.org; tgl. 10–17 Uhr, Kombiticket ab 24 $).

Aber Richmond kann nicht nur mit politischer Geschichte aufwarten. 13 Jahre lebte hier der ruhelose Edgar Allen Poe (1809–1849). **The Poe Museum/Richmond's Oldest House** würdigt den berühmten Schriftsteller (1914–16 E. Main St., www.poemuseum.org; Di–Sa 10 bis 17, So 11–17 Uhr).

Das **Virginia Museum of Fine Arts** präsentiert Kunst aus allen Kontinenten und vielen Epochen, u.a. eine große Sammlung an Fabergé-Eiern (200 N. Blvd., www.vmfa.museum; tgl. 10–17, Do/Fr bis 21 Uhr, Eintritt frei).

INFO

Richmond Region Visitor Center

- Greater Richmond Convention Center
  405 N. 3rd St. | Richmond
  VA 23219 | Tel. 804-783-7450
  www.visitrichmondva.com

WILLIAMSBURG 11 J8

13 Jahre bevor die Pilgerväter in Plymouth anlegten, gründeten britische Siedler in Jamestown die erste permanente englische Siedlung auf amerikanischem Boden. Jamestown und die Nachbarorte Williamsburg sowie Yorktown bilden, verbunden durch den **Colonial Parkway,** heute ein historisches Dreieck an der Küste Virginias. John D. Rockefeller Jr. kaufte 1926 die alten Kolonialgebäude von Williamsburg und möbelte sie wieder auf. Seitdem ist der historische Ortskern des Städtchens (12 000 Einw.) als **Colonial Williamsburg** bekannt. Touren beginnen im Visitor Center (tgl. 9 bis 17 Uhr, im Winter kürzer).

INFO

Colonial Williamsburg Visitor Center

- 101 Visitor Center Dr. | Hwy. 132Y
  Williamsburg | VA 23187
  Tel. 1-855-771-5217
  www.visitwilliamsburg.com
  www.colonialwilliamsburg.com

DIE NEUENGLAND-STAATEN

Das Castle Hill Lighthouse bei Newport, Rhode Island, weist Schiffen seit 1898 den Weg

Karte S. 85

Die beschauliche Metropole Boston, pittoreske Städtchen, idyllische Felsbuchten und Sandstrände sanfte Hügellandschaften und das Naturschauspiel des Indian Summer – Neuengland ist anders und Erholung pur.

Neuengland versteht sich als Wiege der Vereinigten Staaten. Hier legten 1620 die Pilgerväter mit der »Mayflower« in der Neuen Welt an. In Boston begann im 18. Jh. der Weg zur Unabhängigkeit der 13 Kolonien, wovon der Freedom Trail zeugt. Die »Grand Old Lady« ist aber auch eine moderne, vitale Stadt, die man gut zu Fuß erkunden kann.

Unterwegs in den sechs Neuenglandstaaten Massachusetts, Rhode Island, Connecticut, Vermont, New Hampshire und Maine merkt man schnell, dass die Bundesstaaten anders sind: Statt uniformer *suburbs* von Riesenmetropolen dominieren hier charmante Klein(st)städte mit pittoresken Häusern wie auf Cape Cod, den Inseln Nantucket und Martha's Vineyard oder in den Berkshire Hills. Und die größte Attraktion der Region ist keine künstlich geschaffene, sondern die Natur mit Küsten und Inseln, Hügeln und Bergen und dem einmaligen Indian Summer, bei dem sich das Laub der Bäume im Herbst in ein prächtiges Farbenspiel aus Gelb-, Gold- und Rottönen verwandelt.

TOUREN IN DER REGION

TOUR 4

ELITE-UNI & ELITE-URLAUB

ROUTE: Boston > New Haven > Newport > Hyannis > Martha's Vineyard/Nantucket > Provincetown > Plymouth > Plimoth Plantation > Boston

KARTE: Seite 85
DAUER/LÄNGE: 14 Tage; 795 km

PRAKTISCHE HINWEISE:

- Für Nantucket und Martha's Vineyard sollte man in der Saison Fähre und Zimmer vorab reservieren.
- Auto- und Personen(schnell)fähren der Steamship Authority (www.steamshipauthority.com) zwischen Hyannis und Nantucket sowie zwischen Woods Hole und Vineyard Haven, saisonal auch nach Oak Bluffs. Zudem Personen(schnell)-fähren von Hy-Line (www.hylinecruises.com) ab Hyannis zu beiden Inseln sowie zwischen diesen.

TOUR-START:

Bei dieser Tour präsentieren sich die Neuenglandstaaten sowohl als historischer Boden als auch als exklusive Sommerfrische.

Von **Boston** 1 › S. 83 aus führt der Weg zunächst nach **New Haven** 7 › S. 89, das es dank der Elite-Uni Yale zu weltweitem Ruhm gebracht hat. Mondän gibt sich **Newport** 6 › S. 88, wo sich schon in den 1850er-Jahren die Reichen des Landes Prunkanwesen bauen ließen.

Vom Fährhafen von Hyannis auf **Cape Cod** 2 › S. 86 aus erreicht man die Inseln **Nantucket** 4 › S. 87 und **Martha's Vineyard** 5 › S. 88 (Autofähren dorthin nur ab Woods Hole). Eine Nacht sollte man auf einer der exklusiven Sommerfrischen schon einplanen. Zurück auf Cape Cod geht es nach **Provincetown** 3 › S. 86, wo sich eine Whalewatching-Tour empfiehlt.

In Plymouth L4 stehen die »Pilgerväter« im Mittelpunkt. Hier gingen 1620 die Passagiere der Mayflower von Bord. Am State Pier liegt die frisch restaurierte Mayflower II vor Anker, auf dem Schiff erzählen kostümierte Schauspieler von den Strapazen der Überfahrt (Sommer tgl. 9–17, Mitte Juli bis Ende Aug. bis 21 Uhr). Die Plimoth Plantation etwas südlich ist die Rekonstruktion einer Siedlung, die die Mayflower-Passagiere anlegten. Hier wird das Jahr 1627 wieder lebendig, zwischen den strohgedeckten Häusern treiben Farmer Vieh über die Dorfstraße (www.plimoth.org).

Auf dem Highway 3 geht es dann wieder zurück nach **Boston**.

TOUR 5

IN DIE BERKSHIRE HILLS

ROUTE: Boston › Providence › Lenox/Stockbridge › Hancock Shaker Village › Boston

KARTE: Seite 85
DAUER/LÄNGE: 5 Tage; 530 km
PRAKTISCHER HINWEIS:
- Das Zimmerangebot in den Berkshire Hills ist knapp, eine Reservierung vorab ist anzuraten.

TOUR-START:

Die Route nimmt ihren Ausgangspunkt in **Boston** 1 › S. 83, von wo aus zunächst Providence L4, die Hauptstadt Rhode Islands, angepeilt wird, mit seinem imposanten historischen State House. In der Benefit Street findet man eine Ansammlung von über 100 prächtigen Stadthäusern aus der Kolonialzeit.

Nun geht es hinein in das sanfte Mittelgebirge der Berkshire Hills, über das Erholungsstädtchen Lenox erreicht man das als Ausflugsziel beliebte **Stockbridge** 8 › S. 90 mit seinen viktorianischen Villen. In dieser Gegend zeigt sich der Indian Summer besonders farbenprächtig.

Einen Kontrapunkt zur heutigen Zeit setzt das **Hancock Shaker Village** 9 › S. 90. Nach dem beeindruckenden Aufenthalt in dieser ehemaligen Quäker-Kolonie führt die Route zurück nach **Boston**.

UNTERWEGS IN DER REGION

BOSTON 1 L3

Wer Chicago oder New York kennt, wird sich zunächst einmal wundern über das vergleichsweise gemächliche Tempo, das in Boston vorherrscht. Die »große alte Lady« der Ostküste (673 000 Einw.) lässt sich auch so gut wie wohl keine andere US-Stadt zu Fuß erkunden. Auf Schritt und Tritt begegnet man dabei der Geschichte der USA, deren Kampf um Selbstbestimmung nach der Boston Tea Party von 1773 unaufhaltsam dem Unabhängigkeitskrieg entgegensteuerte.

Der mit roten Linien auf dem Bürgersteig gekennzeichnete, insgesamt etwa 4 Kilometer lange **Freedom Trail** 3 verbindet die wichtigsten historischen Stätten des Unabhängigkeitskampfes miteinander. Ausgangspunkt des »Freiheitspfades« ist das Information Center an der U-Bahn-Station Boston Common (139 Tremont/West Sts.). Der Weg führt vorbei an der typisch neuenglischen **Park Street Church** und dem **Old Granary Burying Ground,** wo schlichte Grabplatten die letzten Ruhestätten der Helden des Unabhängigkeitskrieges markieren. Im **Old Corner Book Store** trafen sich im 19. Jh. die literarischen Größen Neuenglands. Ein Treffpunkt ganz anderer Art war das **Old South Meeting House:** Hier nahm am 16. Dez. 1773 die

Bostons moderne Harbourfront

Boston Tea Party ihren Anfang, als 90 aufgebrachte Bostoner Bürger zum Hafen zogen und ihrer Wut auf die englische Krone zum Ausdruck brachten. Dies bildete den Auftakt für den Unabhängigkeitskrieg.

An Bord des Zweimasters »Beaver II« im **Boston Tea Party Museum** kann man die denkwürdigen Ereignisse aus dem Jahr 1773 nachspielen (Congress Street Bridge, www.bostonteapartyship.com; tgl. mind. 10–16 Uhr, Touren beginnen alle 30 Min.). > mehr S. 13 Punkt 10

Zurück auf dem Freedom Trail nähert sich der Rundgang einem Höhepunkt, dem **Old State House,** von dessen Balkon am 18. Juli 1776 die Unabhängigkeitserklärung verlesen wurde. Das bescheidene Haus mit seinen roten Ziegeln und dem schlanken, weißen Turm bildet einen recht skurrilen Kontrast zu den Wolkenkratzern der Umgebung.

Als eigentliche Wiege der Revolution gilt allerdings die Faneuil Hall, wo Unabhängigkeitskämpfer wie Samuel Adams flammende Reden gegen die englische Krone hielten. Dreh- und Angelpunkt des Freedom Trail ist der **Faneuil Marketplace,** das muntere Zentrum Bostons, wo von frühmorgens bis spät in die Nacht Gaukler, Einradfahrer, Jongleure und Pflastermaler auf ein paar Touristendollar hoffen.

Wem hier der Magen knurrt, der sollte den **Quincy Market** ansteuern: Die umgebaute Säulenhalle ist heute ein mehrgeschossiger Einkaufs- und Schlemmerpalast (www.faneuilhallmarketplace.com; tgl. 10 bis 21, So 12–18/19 Uhr).

Das Viertel **Beacon Hill** mit seinen efeubewachsenen Backsteinhäusern ist von jeher die bevorzugte Wohngegend der High Society. Ein Orientierungspunkt im Gassengewirr um die Beacon Street ist der klassizistische Ziegelbau des **State House** mit seiner goldenen Kuppel.

Nördlich davon, am Charles River, bietet das **Boston Museum of Science** Interessantes aus Technik und Natur zum Anfassen (1 Science Park Dam, www.mos.org; tgl. 9–17, Juli–Aug. 9–19, Fr 9–21 Uhr).

Ein weiteres herausragendes Museum ist das **Boston Museum of Fine Arts** am Fenway Park, das mit seiner umfassenden Sammlung an Bildender Kunst aus den unterschiedlichsten Epochen seit der Antike und von allen Kontinenten weltweites Renommee besitzt (465 Huntington Ave., www.mfa.org; tgl. 10–17, Mi–Fr bis 22 Uhr).

TOUREN IN NEUENGLAND

TOUR 4

ELITE-UNI UND ELITE-URLAUB

Boston > New Haven > Newport > Hyannis > Martha's Vineyard/Nantucket > Provincetown > Plymouth > Plimoth Plantation > Boston

TOUR 5

IN DIE BERKSHIRE HILLS

Boston > Providence > Lenox/Stockbridge > Hancock Shaker Village > Boston

Auf dem Copley Square steht die neoromanische **Trinity Church.** Sie bildet einen schönen Kontrast im Schatten des **John Hancock Tower,** dem Riesen aus Chrom und Glas – mit 241 m das höchste Gebäude Bostons. Ganz in der Nähe befindet sich mit dem **Copley Place** (100 Huntington Ave.) und der mit einem Übergang verbundenen Mall **Prudential Center** (800 Boylston St., www.prudentialcenter.com) ein Paradies für Shoppingfans.

INFO

Greater Boston CVB

- 2 Copley Place | Suite 105
  Boston | MA 02116-6501
  Tel. 617-536-4100 (Mo–Fr 8.30–17 Uhr)
  www.bostonusa.com
- Visitor Information Centers in der Copley Place Mall, Eingang Dartmouth St. (100 Huntington Ave.) und am Boston Common (139 Tremont St.).

HOTELS

The Eliot €€–€€€

Übernachten in Eleganz – ohne dafür den Preis eines Luxushotels zu bezahlen. Das mehrfach historische Hotel, Baujahr 1925, liegt im Stadtteil Back Bay mitten in einem der wichtigsten Einkaufsgebiete Bostons.

- 370 Commonwealth Ave.
  Tel. 617-267-1607 | www.eliothotel.com

Midtown Hotel €€

Zentral gelegenes Hotel mit moderner Ausstattung – auch für Geschäftsreisende. Mit Außenpool, Parken frei.

- 220 Huntington Ave. | Tel. 617-262-1000
  www.midtownhotel.com

RESTAURANTS

Top of the Hub €€€

Serviert solide amerikanische Küche, mit temberaubender Blick vom 52. Stock des Prudential Tower.

- 800 Boylston St. | Tel. 617-536-1775
  www.topofthehub.net

Im malerischen Hafen von Nantucket legen schon lange keine Walfangschiffe mehr an

Union Oyster House €€€
Das älteste Restaurant der Stadt – und angeblich sogar Amerikas – ist bekannt für seine hervorragenden Fisch- und Meeresfrüchtespezialitäten.

- 41 Union St. | Tel. 617-227-2750 www.unionoysterhouse.com

CAPE COD 2 L4

Cape Cod ist gar kein Kap, sondern eine etwa 150 km lange Halbinsel, auf der einst die Walfängerkapitäne ihr Zuhause hatten.

Den prominentesten Cape-Cod-Fan des 20. Jhs. huldigt das **John F. Kennedy Hyannis Museum** multimedial. Voller Stolz wird die Tatsache in Erinnerung gerufen, dass »JFK« in Hyannis offiziell die Ernennung zum Präsidentschaftskandidaten der Demokraten annahm (www.jfkhyannismuseum.org; Mo bis Sa 10–16, So 12–16 Uhr, Sommer Mo–Sa 10–17, So 12–17 Uhr, Dez.–April geschl.).

Wer es beschaulich und naturnah mag, ist im **Cape Cod National Seashore** zwischen Hyannis und Provincetown gut aufgehoben. Das Gebiet mit 11 000 ha unberührten Wäldern, Sümpfen und Dünenlandschaften sowie 70 km feinstem Sandstrand ist ein Hort der Ruhe (www.nps.gov/caco).

PROVINCETOWN 3 L4

Das kleine Städtchen Provincetown am Nordende des Kaps rühmt sich damit, dass hier die Pilgrim Fathers erstmals amerikanischen Boden betraten. Zur Erinnerung daran wurde 1910 der Turm des **Pilgrim**

Monument errichtet. Das angeschlossene **Provincetown Museum** zeigt Exponate zur Pilgerväter- und Stadtgeschichte, zum Walfang sowie Piratenschätze (High Pole Hill Rd., www.pilgrim-monument.org; tgl. 9 bis 17 Uhr, Juli/Aug. bis 19 Uhr).

Im 20. Jh. war Provincetown ein beliebter Treffpunkt von Künstlern wie Edward Hopper oder Tennessee Williams, im **Provincetown Playhouse** spielten Marlon Brando und Al Pacino. Heute ist »P-Town« eine Urlauber-Hochburg, beliebt auch bei Homosexuellen. Die meisten Geschäfte, Restaurants und Klubs liegen an der Commercial Street.

Vom MacMillan Pier und von Fisherman's Wharf aus starten von Frühjahr bis Herbst Whalewatching-Touren (Auskünfte bei der Tourism Info, auch online › unten).

INFO

Provincetown Tourism Info

- 330 Commercial St.
  Provincetown | MA 02657
  Tel. 508-487-3298
  www.provincetowntourismoffice.org

HOTEL

Dyer's Beach House Motel €€€

Einfaches, gemütliches Motel an der Unterhaltungsmeile Commercial St., mit Meerblick und gesalzenen Preisen.

- 173 Commercial St. | Tel. 508-487-2061
  www.dyersbeachhouse.com

NANTUCKET 4 L4

Die Insel Nantucket beweist ihren Besuchern schnell, dass sie mehr ist als ein »Haufen Sand«, wie Moby-Dick-Autor Herman Melville sie einmal respektlos beschrieb. 11 000 Menschen leben auf dem 22,5 km langen und 6 km breiten und tatsächlich ziemlich sandigen Eiland. Im Sommer versechsfacht sich die Bevölkerung zeitweise, wenn es Touristen vom Festland an die 130 km Sandstrände zieht.

Das **Whaling Museum** im Ort Nantucket informiert über die frühere Bedeutung des Walfangs für die Insel, u. a. ist das Logbuch der Essex, die im Pazifik von einem Wal gerammt wurde, zu sehen – was Melville zu »Moby Dick« inspirierte (13 Broad St., www.nha.org; im Sommer tgl. 10 bis mind. 16 Uhr).

INFO

Nantucket Island Visitor Services & Information Bureau

- 25 Federal St. | Nantucket | MA 02554
  Tel. 508-228-0925
  www.nantucketchamber.org

HOTEL

Brass Lantern Inn €€€

Nostalgisches B & B, in dem Himmelbetten und Quilts eine heimelige Atmosphäre schaffen.

- 11 North Water St. | Tel. 508-228-4064
  www.brasslanternnantucket.com

RESTAURANT

Something Natural €

Eher ein Sandwichladen als ein Restaurant, aber was kann es Köstlicheres geben, als sich mit dem Hummersalat-Brötchen in der weitläufigen Garten-Parkanlage hinzusetzen und den Urlaub zu genießen?

- 50 Cliff Rd. | Tel. 508-228-0504
  www.somethingnatural.com

MARTHA'S VINEYARD

5 L4

In Nantucket verbringt der alte Geldadel den Sommer, während Martha's Vineyard die Promis anzieht. Viele Strände des nach einer Seefahrertochter benannten Eilands befinden sich in Privatbesitz.

Ein größerer öffentlicher, bei Surfern beliebter Strand ist **Katama Beach.** Im Norden lohnt der **Joseph Sylvia State Beach** zwischen Vineyard Haven und Edgartown einen Besuch. In dieser Gegend drehte auch Steven Spielberg seinen »Weißen Hai«.

Sehenswert ist hier im Norden der Insel die Cottage City von **Oak Bluffs,** eine Ansammlung typischer bunter Holzhäuschen. 300 dieser reizenden historischen *gingerbread cottages* (Lebkuchenhäuschen) gibt es zu bestaunen, auch von Innen im Cottage Museum (1 Trinity Park, Mo–Sa 10–16, So 13–16 Uhr).

INFO

Martha's Vineyard Chamber of Commerce

- 24 Beach Rd. | Vineyard Haven
  MA 02568 | Tel. 508-693-0085
  www.mvy.com

HOTEL

Harbor View Hotel €€–€€€

Die viktorianische Pracht wurde mehrfach ausgezeichnet als »Bestes Hotel von Martha's Vineyard«.

- 131 N. Water St. | Edgartown
  Tel. 508-627-7000
  www.harbor-view.com

RESTAURANT

Alchemy €€€

Die Betreiber des französischen Bistros beweisen, dass Kochen auch mit Alchemie zu tun hat. Heraus kommen Kompositionen wie eine Austern-Brie-Suppe.

- 71 Main St. | Edgartown
  Tel. 508-627-9999
  www.alchemyedgartown.com

NEWPORT 6 L4

Seit Mitte des 19. Jhs. übt das Atlantikstädtchen (25 000 Einw.) eine magische Anziehungskraft auf die »Oberen Zehntausend« aus, die nach europäischem Vorbild Luxusresidenzen errichten ließen.

Palastartige Villen säumen in dichter Folge Bellevue Avenue und Ocean Drive, neun davon sind zu besichtigen, u. a. **The Breakers,** ein prächtiges Anwesen im Renaissancestil, das 1893 von Cornelius Vanderbilt in Auftrag gegeben wurde. Es war die Antwort auf das marmorstrotzende, 1892 fertiggestellte **Marble House** seines Bruders William. Der Kohlemagnat John E. Berwind ließ sich für **The Elms** vom Pariser Château d'Asnières inspirieren, **Rosecliff** kopiert das Lustschloss Grand Trianon in Versailles (www.newportmansions.org).

Dass Newports Geschichte lange vor der Invasion der Reichen begann, zeigt sich im historischen Kern der Stadt. **The Old Colony House** (Washington Sq.), erbaut 1736–39, war bis 1901 der Sitz der Regierung von Rhode Island. Prominentester Redner in der Great Hall war George Washington.

Altehrwürdige Gemäuer am Campus der Eliteuniversität Yale in New Haven

Er kehrte, ebenso wie seine Kollegen, sicher gerne in der **White Horse Tavern** › S. rechts ein, der vermeintlich ältesten Schänke des Landes, die seit 1673 Gäste bewirtet.

INFO

Discover Newport

- 23 America's Cup Ave. | Newport RI 02840 | 401-849-8048 www.discovernewport.org

HOTEL

Cliffside Inn €€€

Dreistöckige viktorianische Villa nahe dem malerischen Cliff Walk.

- 2 Seaview Ave. | Tel. 401-847-1811 www.cliffsideinn.com

RESTAURANTS

Vanderbilt Grill €€€

Nicht gerade bescheiden behaupten die Betreiber des Restaurants in der Vanderbilt Grace Mansion, »Myriaden von Auszeichnungen« gewonnen zu haben. Unbestritten ist aber: Edler kann man in Rhode Island kaum dinieren.

- 41 Mary St. | Tel. 401-846-6200 www.gracehotels.com/vanderbilt

White Horse Tavern €€

Die historische Schänke serviert regionale Fisch- und Meeresfrüchtespezialitäten wie den Muschel-Kartoffel-Eintopf *clam chowder.*

- 26 Marlborough St. | Tel. 401-849-3600 www.whitehorsenewport.com

NEW HAVEN 7 K4

New Haven (130 000 Einw.) ging als erster auf dem Reißbrett geplanter Ort der USA in die Geschichte ein. Dass die 1638 gegründete Stadt anschließend nicht in der Bedeutungslosigkeit verschwand, verdankt sie vor allem einer Institution:

Karte S. 85

der Eliteuniversität **Yale**. Die historischen Bauten des Campusgeländes betrachtet man am besten bei einer geführten Tour, die am **Visitor Information Center** (149 Elm St., www.yale.edu/visitor) starten.

Sowohl die **Yale University Art Gallery** mit ihrer Sammlung amerikanischer Malerei sowie Gemälden von van Gogh, Monet und Picasso (Di–Fr 10–17, Sa/So 11–17 Uhr, Sept.–Juni Do bis 20 Uhr) als auch das **Yale Center for British Art** mit einem breiten Spektrum englischer Malerei des 16. und 17. Jhs. (Di–Sa 10–17, So 12–17 Uhr) findet man in der Studentenmeile Chapel Street.

STOCKBRIDGE 8 K4 UND DIE BERKSHIRES

In den üppig bewaldeten **Berkshire Hills** › S. 82 mit ihren beiden zentralen Ortschaften Lenox und Stockbridge erreicht die herbstliche Farbenpracht des Indian Summer ihren Höhepunkt. › mehr S. 16 Punkt 29

In **Stockbridge** schlagen die Uhren noch im gemütlichen Takt der Postkutschenzeit, welche die Reisenden im Schaukelstuhl auf der Terrasse des **Red Lion Inn** Revue passieren lassen. Da ist ein Besuch des **Norman Rockwell Museum** schon richtig aufregend: Der langjährige Illustrator der »Saturday Evening Post« malte als Ausgleich zu seinem Heile-Welt-Job auch überaus kritische Werke (9 Glendale Road, www.nrm.org; tgl. 10 bis 16 Uhr, im Sommer und an Wochenenden länger).

INFO

The Berkshire Visitors Bureau
- 66 Allen St. | Pittsfield | MA 01201
  Tel. 413-499-1600
  www.berkshires.org

HOTEL/RESTAURANT

The Red Lion Inn €€
Die ehemalige Postkutschenstation ist eine Institution seit über 200 Jahren, das Ambiente entsprechend nostalgisch. Das Restaurant serviert kreative Regionalküche.
- 30 Main St. | Stockbridge
  Tel. 413-298-5545 | www.redlioninn.com

HANCOCK SHAKER VILLAGE 9 4 K4

Von Stockbridge aus lohnt sich ein Ausflug zum gut 30 km nördlich bei Pittsfield gelegenen Hancock Shaker Village. Erstaunlich fortschrittsgläubig waren die Mitglieder der Sekte »United Society of Believers in Christ's Second Appearing«, die unter dem Namen »Shaker« wesentlich bekannter sind. Der Name rührt von den ekstatischen Zuckungen der Sektenmitglieder her, wenn sie beim Gottesdienst vom Heiligen Geist befallen wurden. Gottgefälliges Verhalten, harte Arbeit und ein eheloses Leben war ihre Devise.

Das **Museumsdorf** gibt einen guten Eindruck davon, dass die Shaker, die 1783–1960 hier lebten, zu Recht als hervorragende Farmer galten (34 Lebanon Mountain Rd., Hancock, Tel. 413-443-0188, www.hancockshakervillage.org; Mitte April–Juni tgl. 10–16, Juli–Okt. tgl. 10–17 Uhr).

GROSSE-SEEN-REGION

Der eisige Lake Michigan vor der Skyline von Chicago

Zwischen der »dritten Küste« des Ostens, den Großen Seen, und der »vierten«, dem Mississippi, konzentrieren sich Moderne und Tradition sowie Kultur- und Naturhighlights wie Chicago und die Niagarafälle.

Jeder Nordamerika-Besucher begreift schnell: In den USA fällt alles eine Nummer größer aus. Die fünf Großen Seen mit einer Gesamtfläche von 245 000 Quadratkilometern sprengen dabei alle Dimensionen. In früheren Zeiten bot das nasse Quintett auch ausgezeichnete Warentransportwege. Städte wie Chicago mit seinen Highlights moderner Architektur, die Motor Town (oder kurz „Motown«) Detroit oder Cleveland verdanken ihren Aufstieg ihrer Lage an den Großen Seen.

Der Wunsch der Amerikaner nach uneingeschränkter Mobilität machte aber nicht nur Detroit groß, sondern sorgte auch bereits 1926 für die erste ununterbrochene Straßenverbindung zwischen Chicago und Los Angeles. Die 4000 km lange Route 66 ist heute ein beliebtes Ziel für Nostalgiker. Warum, lässt sich auf dem Teilstück zwischen Chicago, Springfield und St. Louis buchstäblich erfahren.

Und dann ist da natürlich noch eine der wichtigsten Touristenattraktionen Amerikas. Die Niagarafälle präsentieren sich zunächst als eine Naturschönheit sondergleichen. Wie das Schauspiel aber von Niagara Falls und Niagara Falls, den beiden gleichnamigen Städten auf US-amerikanischer und auf kanadischer Seite, ausgeschlachtet wird, kann man amüsiert zur Kenntnis nehmen. That's America!

Tiefblick auf Detroits Downtown

TOUREN IN DER REGION

TOUR 6

GET YOUR KICKS

ROUTE: Chicago > McLean > Springfield > St. Louis (> Chicago)

KARTE: Seite 93
DAUER/LÄNGE: 5 Tage; 490 km einfach, als Rundreise Chicago – St. Louis – Chicago ca. 1 Woche
PRAKTISCHE TIPPS:

- Um exorbitant hohe Gebühren für Einwegmieten zu vermeiden, kann man von St. Louis aus auch in ein bis zwei Tagen über die I-55 wieder nach Chicago zurückfahren.

TOUR-START:

Der Song »Get Your Kicks on Route 66« beschreibt die Sehnsucht nach unendlicher Weite, die einen auf der legendären »Mother Road« überkommt, wo der Weg zum Ziel wird. Meist neben der Interstate 55 folgt die Traditionsstraße den »Historic Route 66«-Schildern. Dabei sollte einen aber nicht der Ehrgeiz packen, jedes Teilstück der alten Route zu finden. Besser ist es, kurz hinter Joliet, einem Vorort **Chicagos** 1 > S. 94, die I-55 zu verlassen und über Wilmington C6 und Bloomington C7 in Richtung Springfield zu fahren. Unterwegs sieht man immer wieder verfallende Überbleibsel aus der Blütezeit von »The Mainstreet of America«, aber auch Route-66-Klassiker wie Funks Grove und Dixie Travel Plaza in **McLean** 6 > S. 105 oder das Ariston Cafe in Litchfield kurz vor St. Louis.

Die Tour über die Route 66 mit Stopp in Abraham Lincolns Heimatstadt **Springfield** 7 > S. 106 endet entweder in **St. Louis** 8 > S. 106, dem Tor zum Westen. Oder man fährt auf der I-55 nach Chicago zurück, dem Startpunkt der Tour.

TOUR 7

GROSSE SEENFAHRT

ROUTE: Detroit > Flint > Bay City > Huron National Forest > Mackinac Island > Sleeping Bear Dunes > Manistee National Forest > Detroit

KARTE: Seite 93
DAUER/LÄNGE: 10 Tage; 1340 km
PRAKTISCHE HINWEISE:

- Mackinac Island ist autofrei, parken kann man in Mackinaw City.
- Infos dazu und zu den Fähren unter www.mackinacferry.com.

TOUR-START:

Dass Michigan auch weitgehend unberührte Natur, schöne Strände und sogar Dünen zu bieten hat, wissen auch viele Amerikaner nicht.

Karte S. 95

Die einwöchige Tour führt zu den Naturschönheiten dort und an drei der fünf Großen Seen vorbei.

Los geht's in **Detroit** 4 > S. 102 nordwärts über die Industriestadt Flint nach Bay City E4 (33 500 Einw.) am Lake Huron. Idyllisch ist von hier eine Fahrt in der Mackinac-Bucht mit den Appledore Tall Ships, 18–20 m langen Zweimastern (BaySail, 107 5th St., Tel. 989-895-5193, www.baysailbaycity.org).

Bei der Weiterfahrt entlang der Küste erreicht man bei Oscoda eine Einfahrt zum Huron National Forest E4, der gemeinsam mit den Manistee National Forests im Westen mehr als 500 km Wanderwege sowie Sportmöglichkeiten bietet, wie Radfahren, Reiten, Kanu- und Bootfahren oder Fischen. Übernachtungsmöglichkeiten gibt es auf den fast 40 Campingplätzen (www.fs.usda.gov/hmnf).

Mackinaw City D3 markiert das Nordende dieser Tour. Von dort führt ein Abstecher auf das reizvolle **Mackinac Island** 5 > S. 105, bevor es wieder nach Süden geht. Warum die Amerikaner die Großen Seen oft als Binnenmeer bezeichnen, wird in den Sleeping Bear Dunes D4 deutlich, einer 50 km langen begehbaren Strand- und Dünenlandschaft. Die Zufahrt zum Park führt über das Dorf Empire nahe Traverse City. Auf den Sleeping Bear Dunes Park folgt der Manistee National Forest D4 als westlicher Teil der Huron-Manistee National Forest. Über Lansing geht es dann auf der I-94 zurück nach **Detroit.**

UNTERWEGS IN DER REGION

CHICAGO 1 ★ D6

Chicago – die Stadt der Superlative! Reisende kommen auf dem zweitgrößten Flughafen der USA oder dem geschäftigsten Bahnhof des Landes an, den besten Rundblick über die fast endlos erscheinende 2,7-Mio.-Einwohner-Metropole hat man vom Willis Tower, dem fast vier Jahrzehnte lang höchsten Gebäude der USA.

In Chicago wurden die ersten Wolkenkratzer der Welt gebaut aus der Hand der namhaftesten Architekten ihrer Zeit. Dies setzte sich fort, die bedeutendsten Bauten von Stararchitekten wie Ludwig Mies van der Rohe, Bertrand Goldberg, Helmut Jahn oder von Skidmore, Owings & Merrill sind am Chicago River aufgereiht wie Perlen auf einer Schnur. > mehr S. 12 Punkt 5

Heute ist die drittgrößte Stadt der Vereinigten Staaten das unumstrittene wirtschaftliche und kulturelle Zentrum der Region.

VOM WILLIS TOWER ZUM GRANT PARK

Als Ausgangspunkt für eine Besichtigung Chicagos empfiehlt sich das markanteste und höchste Gebäude der Stadt, der 443 m hohe **Willis**

Tower Ⓐ a5 (früher Sears Tower). Die neun quadratischen, ineinander verschachtelten Türme waren bis 1996 die höchsten Bürotürme der Welt. Der Expressfahrstuhl schafft die 400 m zum Skydeck, der spektakulären Aussichtsetage im 103. Stock, in einer Minute (www.theskydeck.com; März–Sept. 9–22, Okt.–Febr. 10 bis 20 Uhr, ab 24 $).
> mehr S. 16 Punkt 31

Im benachbarten Finanzdistrikt dominiert das 44-stöckige, im Art-déco-Stil gehaltene **Chicago Board of Trade Building** Ⓑ b5 – die Warenterminbörse – die Szenerie.

In neuem Glanz erstrahlt seit 2010 das **Sullivan Center** Ⓒ b4 nach seiner ausgezeichneten Renovierung. Louis H. Sullivan konzipierte im klaren Stil der Chicago School das zwöfstöckige, im Jahr

TOUREN IN DER GROSSE-SEEN-REGION

TOUR 6

GET YOUR KICKS

Chicago > McLean > Springfield > St. Louis (> Chicago)

TOUR 7

GROSSE SEENFAHRT

Detroit > Flint > Bay City > Huron National Forest > Mackinaw City/Mackinac Island > Sleeping Bear Dunes > Manistee National Forest > Detroit

1899 eröffnete und 1904 zum Carson Pirie Scott Company Store erweiterte Pracht-Kaufhaus mit seiner reichen Ornamentik auf der Terrakottafassade.

Jenseits der Michigan Avenue erstreckt sich mit dem **Grant Park** die grüne Lunge der Stadt. Hier lässt man die Großstadthektik hinter sich und trifft auf Skater, Spaziergänger, Gaukler und Jongleure. Mitten im Grant Park am Columbus Drive steht mit der **Buckingham Fountain** D d5 der angeblich weltgrößte Springbrunnen.

SKULPTUREN IN CHICAGO

Einige Eigner der City-Hochhäuser wollen sich mit Skulpturen auf den Plazas übertreffen. Die Highlights:

- Henry Moores berühmte Bronze **Large Interior Form** c5 ziert den Garten vor dem Art Institute of Chicago › rechts.
- Alexander Calders **Flamingo** F b5 auf der Federal Plaza vor dem Kluczynski Federal Building dürfte die meistfotografierte Großplastik Chicagos sein.
- **Miro's Chicago** G b4, die ursprünglich »The Sun, the Moon and One Star« genannte surreale 12-Meter-Maquette, steht auf der Brunswick Plaza beim Chicago Temple Building.
- Das bekannteste Werk ist wohl die monumentale Metallskulptur **Chicago Picasso** H b4 auf der Daley Plaza.

ART INSTITUTE OF CHICAGO

E 5 c5

Die Energie, die man beim Bummel durch den Park getankt hat, benötigt man dringend beim Besuch des renommierten Art Institute of Chicago. Bereits im Hof gibt die Skulptur Large Interior Form von Henry Moore einen Vorgeschmack auf die reichen Schätze im Museum.

Das **Museum** selbst ist in einem prachtvollen Beaux-Arts-Gebäude untergebracht. In diesem präsentiert es eine der umfangreichsten Kunstsammlungen der Welt mit Exponaten von allen Kontinenten – von Gemälden über Grafiken und Skulpturen bis zu Fotografien. Berühmt ist das Art Institute für seine Sammlung französischer Impressionisten und Postimpressionisten sowie für völkerkundliche Exponate aus Asien, Afrika und Amerika (111 S. Michigan Ave., www.artic.edu; tgl. 10.30–17 Uhr, Do bis 20 Uhr, 25 $).

MICHIGAN AVENUE UND MERCHANDISE MART

Der Weg führt anschließend weiter nach Norden. An der Ecke zur Randolph Street befindet sich das **Chicago Cultural Center** I c4 als Anlaufstelle für Stadtbesucher, die hier Informationen aller Art bekommen. Außerdem finden hier Ausstellungen, Konzerte und Lesungen statt.

Einige Hundert Meter nördlich, direkt jenseits der 1920 fertiggestellten Brücke, erhebt sich links das **Wrigley Building** J c3 das der Kaugummikönig 1921–24 errichten

Chicagos Navy Pier ist heute ein beliebte Freizeitattraktion am Lake Michigan

ließ. Der Uhrturm ist eine Nachbildung der berühmten Giralda von Sevilla. Schräg gegenüber bestimmt der neogotisch gestaltete **Chicago Tribune Tower** K c3 seit 1925 die Szenerie. Westlich davon, an der Wells Street unweit des Chicago River, prägt das markante Bauwerk des **Merchandise Mart** L a3 das Stadtbild. Die Ausmaße des Art-déco-Kolosses lassen sich erahnen, wenn man durch die Einrichtungsgeschäfte der unteren Stockwerke schlendert (www.mmart.com).

Beim Wrigley Building beginnt die sogenannte **Magnificent Mile,** eine der berühmtesten Hochpreis-Einkaufsstraßen Nordamerikas. Markantester Punkt auf der North Michigan Avenue ist der 1869 erbaute **Water Tower** M c1.

875 North Michigan Avenue N c1 (früher John Hancock Center) ist mit 344 m quasi der kleine Bruder des Willis Tower, die Aussichtsplattform 360 Chicago ist eine gute Alternative, wenn sich beim Skydeck › **S. 95** wieder lange Warteschlangen gebildet haben (875 N. Michigan Ave., www.360chicago.com; tgl. 9–23 Uhr, ab 21 $).

NAVY PIER UND MSI

Die Betreiber des **Navy Pier** haben der Stadtsilhouette ein lichterfunkelndes Riesenrad hinzugefügt. Der auf 20 000 Holzbalken ruhende Pier, der 1000 m in den Lake Michigan hineinragt, wurde in ein Erholungs- und Kulturzentrum umfunktioniert. Dieses ist auch Standort des didaktisch gut gestalteten **Chicago**

Karte S. 99

Children's Museum, (700 E. Grand Ave., www.chicagochildrensmuseum.org; tgl. 10–17, Do bis 20 Uhr). Vom Navy Pier legen auch Ausflugsschiffe zu Fahrten auf dem Chicago River und zu romantischen Dinner Cruises auf dem Lake Michigan ab (www.navypier.com).

»Zum Anfassen« und unbedingt sehenswert ist das **Museum of Science and Industry (MSI),** das mit gut 2000 Exponaten in 75 Hallen eine Menge Themenfelder aus Wissenschaft und Technik anschaulich erläutert (57th St./Lake Shore Dr., www.msichicago.org; tgl. 9.30 bis 16, im Sommer bis 17.30 Uhr).

INFO

Choose Chicago

Visitor Information Center bei Macy's State Street, Lower Level.

- 111 N. State St. | Tel. 312-567-8500
  www.choosechicago.com
  Mo–Sa 10–21, So 11–19 Uhr
  (Öffnungszeiten entspr. Kaufhaus)

VERKEHRSMITTEL

- **Flughafen:** Chicago O'Hare Airport, 25 km nordwestl. der City (Infos unter www.flychicago.com); Taxi in die Stadt etwa 30–40 $; Sammeltaxi 24 $ p.P.; U-Bahn (CTA) 5 $; Airport-Express-Busse ins Zentrum und in den Norden ab 15 $.
- **Bahnhof:** Union Station, Adams/Canal Sts. (Tel. 312-655-2524, www.chicagounionstation.com). Amtrak-Züge aus dem ganzen Land.
- **Stadtverkehr:** Dichtes Bus- und Hoch- bzw. U-Bahnnetz sowie Vorortzüge, betrieben von der Chicago Transit Authority (CTA; Tel. 1-888-968-7282, www.transitchicago.com).

HOTELS

Palmer House €€€

Historisches Luxushotel in Downtown. Nostalgische Zimmer mit modernem Komfort. Angeblich wurde hier der Executive-Level für Gäste mit Sonderwünschen erfunden.

- 17 E. Monroe St. | Tel. 312-726-7500
  www.palmerhousehiltonhotel.com

Ohio House Motel €

Einfaches Motel im Stil der 1950er-Jahre. Freies Parken, hauseigener Coffeeshop.

- 600 N. LaSalle St. | Tel. 312-943-6000
  www.ohiohousemotel.com

RESTAURANTS

Allium at Four Seasons €€€

Kurios: Im Feinschmeckertempel wird der Chicago-Style Hot Dog zelebriert – für ein kleines Vermögen.

- 120 E. Delaware Place | Tel. 312-799-4900
  www.alliumchicago.com

Morton's The Steakhouse €€€

Das hochgelobte Original-Steakhouse der Kette. Weitere Filiale: 65 E Wacker Pl.

- 1050 N. State St. | Tel. 312-266-4820
  www.mortons.com/statestreet

A Willis Tower
B Chicago Board of Trade Building
C Sullivan Center
D Buckingham Fountain
E Art Institute of Chicago
F Alexander Calder's Flamingo
G Miro's Chicago
H Chicago Picasso
I Chicago Cultural Center
J Wrigley Building
K Chicago Tribune Tower
L Merchandise Mart
M Water Tower
N 875 North Michigan Avenue

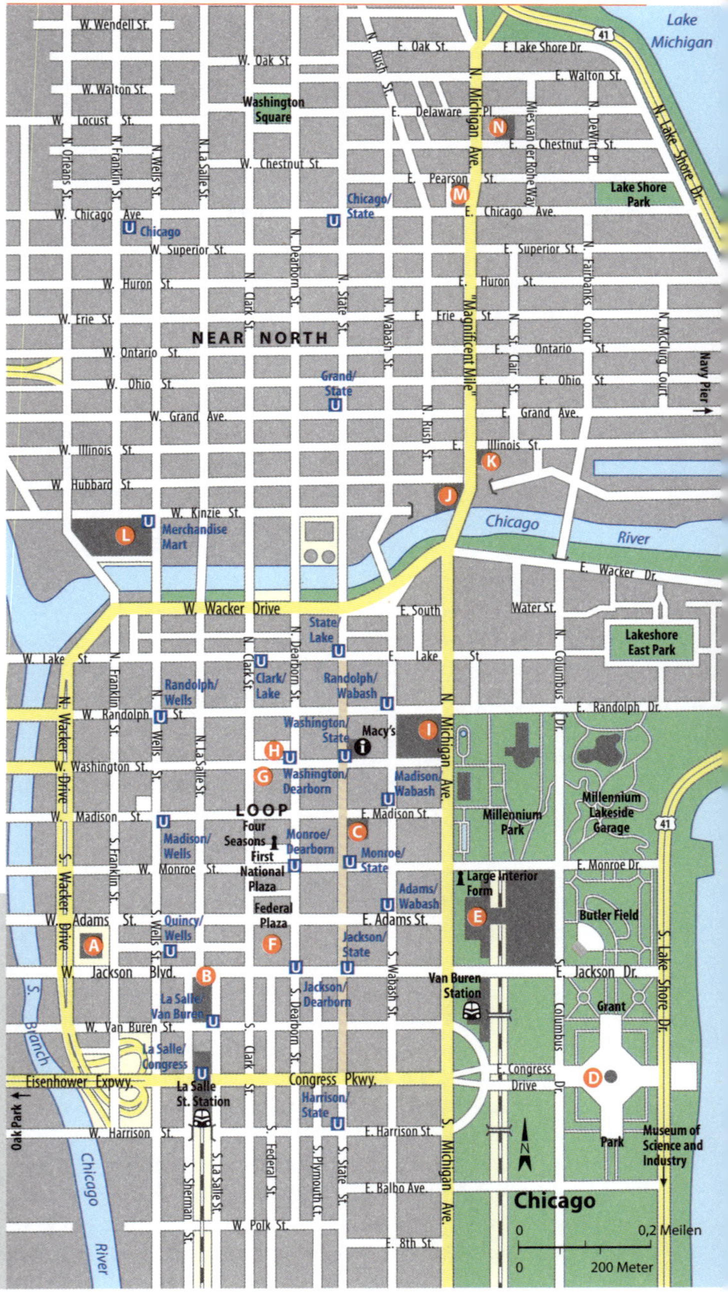
Lake Michigan
41
NEAR NORTH
LOOP
Chicago
0 0,2 Meilen
0 200 Meter
Washington Square
Lake Shore Park
Lakeshore East Park
Millennium Park
Millennium Lakeside Garage
Butler Field
Grant Park
Museum of Science and Industry
Navy Pier
Oak Park
Chicago River
Chicago River
S. Branch
W. Wendell St.
W. Oak St.
E. Oak St.
E. Lake Shore Dr.
E. Walton St.
W. Walton St.
W. Locust St.
E. Delaware Pl.
E. Chestnut St.
W. Chestnut St.
E. Pearson St.
W. Chicago Ave.
E. Chicago Ave.
W. Superior St.
E. Superior St.
W. Huron St.
E. Huron St.
W. Erie St.
E. Erie St.
W. Ontario St.
E. Ontario St.
W. Ohio St.
E. Ohio St.
W. Grand Ave.
E. Grand Ave.
W. Illinois St.
E. Illinois St.
W. Hubbard St.
W. Kinzie St.
W. Wacker Drive
E. Wacker Dr.
E. South Water St.
Water St.
W. Lake St.
E. Lake St.
W. Randolph St.
E. Randolph Dr.
W. Washington St.
W. Madison St.
E. Madison St.
W. Monroe St.
E. Monroe Dr.
W. Adams St.
E. Adams St.
W. Jackson Blvd.
E. Jackson Dr.
W. Van Buren St.
Eisenhower Expwy.
Congress Pkwy.
E. Congress Drive
W. Harrison St.
E. Harrison St.
E. Balbo Ave.
W. Polk St.
E. 8th St.
N. Orleans St.
N. Franklin St.
N. Wells St.
N. LaSalle St.
N. Clark St.
N. Dearborn St.
N. State St.
N. Wabash St.
N. Rush St.
N. Michigan Ave.
"Magnificent Mile"
Mies van der Rohe Way
N. DeWitt Pl.
N. St. Clair St.
N. Fairbanks Court
N. McClurg Court
N. Lake Shore Dr.
N. Columbus Dr.
Columbus Dr.
S. Lake Shore Dr.
N. Wacker Drive
S. Wacker Drive
S. Franklin St.
S. Wells St.
S. Clark St.
S. Dearborn St.
S. Wabash St.
S. Michigan Ave.
S. Sherman St.
S. La Salle St.
S. Federal St.
S. Plymouth Ct.
S. State St.
Chicago
Chicago/State
Grand/State
Merchandise Mart
State/Lake
Clark/Lake
Randolph/Wells
Randolph/Wabash
Washington/State
Washington/Dearborn
Madison/Wabash
Madison/Wells
Monroe/Dearborn
Monroe/State
Adams/Wabash
Quincy/Wells
Jackson/State
Jackson/Dearborn
La Salle/Van Buren
La Salle/Congress
La Salle St. Station
Harrison/State
Van Buren Station
Macy's
Four Seasons
First National Plaza
Federal Plaza
Large Interior Form
A
B
C
D
E
F
G
H
I
J
K
L
M
N

Karte S. 99

Barnelli's Pasta Bowl €

Hier scheint man auf einer italienischen Piazza unter der aufgehängten Wäsche von Mamma zu sitzen, die gerade köstliche Spaghetti kocht. Alles nur Kulisse, aber die Pastagerichte sind echt.

- 100 W Ontario St. | Tel. 312-587-8930
  www.portillos.com/barnellis

Gino's East River North €

Deep dish pizza und *craft beer:* Das Stammhaus der beliebten Pizzerien, mit Brauhaus im ersten Stock.

- 500 N. LaSalle St. | 312-988-4200
  www.ginoseast.com

NIGHTLIFE

- Die Ohio Street führt durch Near North, das Vergnügungsviertel der Stadt. Hier findet man z. B. eine Filiale von **Hard Rock Cafe** (63 W. Ontario St.; Mo–Do 11–23, Fr/Sa bis 1, So bis 10 Uhr) oder den besten Blues-Klub der Stadt, **Blue Chicago** (536 N. Clark St., www.bluechicago.com; So–Fr 20–2, Sa bis 3 Uhr).

AUSFLUG: OAK PARK C6

Für Architekturfans ist ein Besuch in Oak Park ein Muss (mit den Blue und Green Lines der Hochbahn »L« sowie mit Linienbussen zu erreichen). Das Wohnviertel westlich von Chicago, in Cook County, wurde durch seine Bauten von Frank Lloyd Wright berühmt. Im **Besucherzentrum** (Lake St., Ecke Forest Ave.) sind Audioguides für einen Spaziergang erhältlich, der mit dem Leben und Schaffen des berühmten Architekten und seiner Stilentwicklung vertraut macht (Tel. 708-524-7800, www.visitoakpark.com).

In Oak Park wurde 1899 Ernest Hemingway geboren, wovon das viktorianische Haus mit dem **Birthplace Museum** zeugen (339 N. Oak Park Ave., www.ehfop.org; 15 $).

NIAGARA FALLS

2 ★6 G4

Die Stadt Niagara Falls an den gleichnamigen weltberühmten **Niagarafällen** zwischen Lake Erie und Lake Ontario gibt es gleich zweimal – zum einen auf der US-amerikanischen, zum anderen auf der kanadischen Seite. In der massentouristischen kanadischen Version hat man den besseren Blick auf die Horseshoe Falls, die den American Falls mühelos die Show stehlen.

Auf US-Seite ist die Perspektive vom **Prospect Park** besonders stimmungsvoll, wenn sich frühmorgens ein Regenbogen über den Fällen bildet oder sie abends illuminiert sind. Von einer Plattform aus hat man einen tollen Blick auf die 55 m in die Tiefe stürzenden **American Falls.** > mehr S. 12 Punkt 7

Ganz nah an die **Horseshoe Falls** fahren seit über 150 Jahren Boote heran. Jene von US-Seite aus heißen – in Erinnerung an den Originalkahn – Maid of the Mist (1 Prospect St., Niagara Falls S.P., Parking Lot 1, www.maidofthemist.com). Von kanadischer Seite aus operiert Hornblower mit moderneren Schiffen (www.niagaracruises.com).

Die spannendste Begegnung mit den Wasserfällen bietet von kanadischer Seite aus **Journey behind the**

Falls: Fahrstühle bringen die Besucher hinter die 750 m breiten und 52 m hohen Horseshoe Falls. Bis zu 5,7 Mio. Liter Wasser gehen hier pro Sekunde den Bach hinunter (tgl. 9–18, im Sommer z. T. bis 22 Uhr).

INFO

Destination Niagara USA

- 10 Rainbow Blvd. | Niagara Falls NY 14303 | Tel. 716-282-8992 oder 1-877-325-5787 | www.niagara-usa.com

HOTELS

The Red Coach Inn €€–€€€

Stilvolles Wohnen in Nähe der American Falls mit einem Hauch von Luxus in altenglischer Atmosphäre.

- 2 Buffalo Ave. | Tel. 716-282-1459 www.redcoach.com

Holiday Inn Niagara Falls €€

Relativ günstige Zimmer in guter Lage am Prospect Park; sehr beliebt.

- 114 Buffalo Ave. | Tel. 716-285-2521 www.holidayinn.com

RESTAURANTS

Hard Rock Cafe €€

Wesentlich besser gelungene Filiale als die auf kanadischer Seite.

- 333 Prospect St. | Tel. 716-282-0007

The Secret Garden €€

Familiengeführtes italienisches Restaurant auf der kanadischen Seite, Sommerterrasse mit herrlichem Blick auf die Niagarafälle, mitunter etwas kitschig.

- 5827 Niagara Pkwy. | Tel. 905-374-2164 www.secretgardenrestaurant.net

CLEVELAND 3 F5

»Cleveland's hot« (etwa: »Cleveland ist angesagt«) lautet das Motto von Ohios zweitgrößter Stadt (386 000 Einw.). In den 1980ern musste sie Konkurs anmelden, hat aber inzwischen ein erstaunliches Comeback erlebt. Es wurde viel in Infrastruktur und Kultur investiert. Maßgeblichen Anteil am touristischen Aufschwung hat dabei die **Rock 'n' Roll**

Vereiste American Falls vor der Stadt Niagara Falls, USA

Hall of Fame, die 1995 eröffnete Ruhmeshalle der Rockmusik. Der Stararchitekt I. M. Pei schuf einen avantgardistischen Bau, eine Mischung aus Glaspyramide und Betonsäule, die sich jedem Streben nach Symmetrie zu widersetzen scheint. In der »Ruhmeshalle« sind rare Video- und Audiodokumente sowie Hunderte weiterer Memorabilien zu einer einzigartigen Sammlung zusammengestellt worden (1 Key Plaza, www.rockhall.com; tgl. 10–17.30, Mi, im Sommer Mi bis Sa 10–21 Uhr, ab 23 $).

Für 55 Millionen Dollar entstand gleich nebenan das **Great Lakes Science Center** mit Hunderten Anfassexponaten aus Naturwissenschaft und Technik, Interessantem zu den Großen Seen und einem Bereich zur NASA-Raumfahrt (601 Erieside Ave., www.greatscience.com; Di–Sa 10–17, So 12–17, im Sommer auch Mo 10–17 Uhr).

Ein Blickfang ist der Art-déco-Turm des **Tower City Center:** Ein Bürohaus und ein Bahnhof wurden hier in ein mehrstöckiges Einkaufszentrum samt Gastronomie und Kinos umgewandelt (230 W. Huron Rd., www.towercitycenter.com).

Wenn es um abendliche Unterhaltung geht, ist der **Warehouse District** die erste Adresse in Cleveland. Die früher verkommenen Lagerhallen aus dem 19. Jh. zwischen Front Ave., Superior Ave., West 3rd St. und West 10th St. wurden mit enormem Aufwand aufgehübscht, vielfältige Bars, Restaurants, Klubs und Livebühnen zogen ein (www.warehousedistrict.org).

INFO

Destination Cleveland Visitors Center

- 334 Euclid Ave. | Cleveland OH 44114 | Tel. 216-875-6600 www.thisiscleveland.com

HOTEL

Wyndham €€

Modernes Komforthotel im Theaterdistrikt, trotz der zentralen Lage am Playhouse Square sehr ruhig.

- 1260 Euclid Ave. | Tel. 216-615-7500 www.wyndham.com

RESTAURANTS

L'Albatros €€€

Die (Stamm-)Gäste der Brasserie-Bar loben die innovative Küche des Top-Restaurants. Die lukullischen Versuchungen werden in ungezwungener Atmosphäre serviert.

- 11401 Bellflower Ct. | Tel. 216-791-7880 www.albatrosbrasserie.com

Great Lakes Brewing Company €

Der Brewpub bietet eine Auswahl an regionalen und saisonalen Gerichten in urigem Ambiente oder im Biergarten, das Bier kommt frisch aus der Brauerei nebenan.

- 2516 Market Ave. | Tel. 216-771-4404 www.greatlakesbrewing.com/brewpub

DETROIT 4 E5

Detroit leidet: Die Einwohnerzahl halbierte sich in 40 Jahren auf nun noch 673 000, ganze Industriezweige verschwanden. Doch Detroit stemmt sich trotzig gegen den Niedergang. »The City that drives the world«: Der alte Slogan hat seine Gültigkeit nicht verloren. Autokonzerne wie General Motors oder Ford haben hier ihr Hauptquartier, und

Chrysler hat seinen Sitz im nahe gelegenen Auburn Hills. Eine Ausnahme im Bürohaus-Einerlei von Downtown bildet das **GM Renaissance Center,** ein Ensemble aus sieben runden, stahlglitzernden Türmen am Detroit River.

Höhepunkt der von der Antike bis zur Gegenwart reichenden Sammlung des **Detroit Institute of Arts** sind Diego Riveras Murals in der zentralen Halle (5200 Woodward Ave., www.dia.org; Di–Do 9–16, Fr bis 22, Sa/So bis 17 Uhr).

In höchsten Tönen loben Experten das **Charles H. Wright Museum of African American History,** das einen guten Überblick über die afrikanische Kultur in Amerika gibt (315 East Warren St., thewright.org; Di–Sa 9–17, So 13–17 Uhr).

Eher bescheiden wirkt da das **Motown Museum**. Für Musikfans ist die Ausstellung im Studio des Motown-Gründers Berry Gordy Jr. aber ein Kleinod(2648 West Grand Blvd., www.motownmuseum.org; Di–Sa 10–18, Juli/Aug. Di–Fr 10 bis 18, Sa 10–20, So 10–18 Uhr).

Diego Riveras »Industry Murals« aus den 1930er-Jahren im Detroit Institute of Arts

INFO

Detroit Metro CVB

- 211 W. Fort St. | Suite 1000
  Detroit | MI 48226 | Tel. 313-202-1800
  www.visitdetroit.com

HOTELS

Greenfield Inn €€

Modernes Haus der Best-Western-Kette, nahe Henry Ford Museum in Dearborn.

- 3000 Enterprise Dr./Allen Park
  Tel. 313-271-1600
  www.bestwesterngreenfield.com

The Inn On Ferry Street €€

Wahrscheinlich ist es auch der persönliche Service, der dieses zentral gelegene, eher kleine Boutiquehotel in einem schönen viktorianischen Bau mit nur 40 Zimmern zu einem Publikumsliebling macht.

- 84 E Ferry St. | Tel. 313-871-6000
  www.innonferrystreet.com

RESTAURANTS

Pegasus Taverna Restaurant €€

Gemütliches griechisches Restaurant mit offener Küche, tischt köstliche Vorspeisen und Lammgerichte auf. Tgl. ab 11 Uhr bis mindestens Mitternacht.

- 558 Monroe St. | Tel. 313-964-6800
  www.pegasustavernas.com

Union Street €

Laut und flippig, der Treffpunkt der Einheimischen. Serviert New World Cuisine, sonntags Brunch.

- 4145 Woodward Ave.
  Tel. 313-831-3965
  http://unionstreetdetroit.com

DIE MOTHER ROAD

Künstlerische Huldigung der »Mother Road« an der Route 66 Hall of Fame in Pontiac

Noch vor 30 Jahren war die Route 66, die erste durchgehende Straße zwischen Chicago und Los Angeles, dem Verfall preisgegeben, neue Highways nahmen den Ortschaften an der »Main Street of America« die Existenzgrundlage. Doch dann passierte Wundersames: Man gründete Fanklubs und arbeitete mit Feuereifer daran, die Erinnerung an die goldene (Auto-)Zeit hochzuhalten. Inzwischen steht die »Mother Road«, wie Fans sie liebevoll nennen, unter Denkmalschutz. Infos und zahlreiche Links: www.historic66.com.

ROUTE-66-LEGENDEN

Während viele einstige Attraktionen entlang der Route verrotten und der »Mother Road« einen morbiden Charme verleihen, werden andere wie das skurrile **Polk-a-Dot-Restaurant** in Braidwood oder der ausgefallene Souvenirladen **Henry's Route 66 Rabbit Ranch** in Staunton weiterbetrieben – und können den Ansturm der stetig wachsenden Route-66-Fangemeinde zum Teil gar nicht bewältigen. Einen Einblick in die Geschichte der »Mother Road«, die bereits 1926 Chicago und Los Angeles verband, gibt das **Museum der Route 66 Association of Illinois** in Pontiac. > mehr S. 18 Punkt 37

- **Polk-a-Dot-Restaurant** C6
  222 N. Front St. | Braidwood | IL
  Tel. (815) 458-3377
- **Henry's Route 66 Rabbit Ranch** C8
  1107 Old Route 66/S. Madison Ave.
  Staunton | IL | Tel. 618-635-5655
  www.henrysroute66.com
- **Route 66 Association Hall of Fame & Museum** C6
  110 W. Howard St. | Pontiac | IL
  www.il66assoc.org
  Tgl. 9–17 Uhr, eingeschränkte Öffnungszeiten im Winter.

AUSFLUG: DEARBORN

Detroits größte Attraktion findet man im Vorort Dearborn: das Vermächtnis des Mannes, der den Autoboom begründete. Im **Henry Ford Museum** steht zwar die Automobilhistorie im Mittelpunkt, zu sehen sind aber auch Lokomotiven, Kutschen und weitere technische Errungenschaften (tgl. 9.30–17 Uhr, 23 $). Als gelungenen Kontrast zur Technikwelt ließ Ford aus allen Teilen Amerikas typische Häuser, Höfe und Schulen des 19. und frühen 20. Jhs. nach Dearborn transportieren und das Freiluftmuseum **Greenfield Village** anlegen (April–Okt. tgl. 9.30–17 Uhr, Nov. nur Fr–So, 28 $; Museum und Village: 20900 Oakwood Blvd., www.thehenryford.org). Zudem ist im Rahmen der **Ford Rouge Factory Tour** das Werk in Dearborn zu besichtigen (Mo–Sa 9.30–17 Uhr, 18 $).

MACKINAC ISLAND

5 D/E3

Von den Docks in **Mackinaw City** am Lake Huron verkehren Personenfähren nach Mackinac Island (www.mackinacferry.com; Fahrzeit 15–30 Min.). Hier leben auf knapp 10 000 km² Fläche nur 500 Einwohner. Diese fordern von ihren Besuchern nach US-Verständnis Unglaubliches: Das Auto bleibt auf dem Festland, man bewegt sich zu Fuß, per Fahrrad, Pferd oder in Kutschen fort. Die Insel ist ein wahres Kleinod mit reizenden viktorianischen Häusern, das jährliche **Lilac Festival** (Fliederfest) im Juni lässt sie vor Gästen schier bersten.

INFO

Mackinac Island Tourism Bureau
- Mackinac Island | MI 49757
  Tel. 906-847-3783
  www.mackinacisland.org

HOTEL

The Inn at Stonecliffe €€–€€€
Oberhalb einer Felsklippe mit herrlichem Ausblick gelegenes charmantes Haus im Edwardianischen Stil.
- Tel. 906-847-3355 | 8593 Cudahy Circle
  www.theinnatstonecliffe.com

RESTAURANT

Seabiscuit Café €€
Namensgeber für das gemütliche Café ist ein legendäres Rennpferd, variantenreich sind die Sandwiches und Snacks.
- 7337 Main St. | Tel. 906-847-3611
  www.seabiscuitcafe.com

MCLEAN 6 C7

Am Dörfchen **Funks Grove** (250 Einw.) im McLean County, Illinois, würde wohl jeder auf der Interstate vorbeirauschen, wenn es hier nicht gleich zwei der immer weniger werdenden Route-66-Originale geben würde: Da ist zum einen im Norden der Gemeinde **Funks Grove Maple Sirup**, wo schon seit fast 200 Jahren ein Ahornsirup verkauft wird. Die Produkte sind so köstlich, dass Amerikaner dafür weite Anreisen auf sich nehmen. > mehr S. 18 Punkt 38 Die Verkaufsmenge ist jedoch naturgemäß begrenzt, weshalb man unbedingt auf der Website nachschauen sollten, ob noch Vorräte vorhanden sind – am besten sind die Chancen März–Aug. (5257 Old Route 66, Tel. 309-874-3360, www.funkspuremaplesirup.com).

Nur wenige Kilometer weiter, in **McLean,** findet man eine Attraktion, die auf den ersten Blick wie ein gewöhnlicher Truckstop aussieht. Der **Dixie Travel Plaza** war in der Blütezeit der Route 66 willkommene Gelegenheit für die Reisenden, um aufzutanken, einen Happen zu essen und sich mit anderen über die noch gut 2000 Meilen Fahrstrecke südwestwärts auszutauschen. Öfters ausgebaut, erfüllt die große Raststätte diese Funktion heute noch (502 S. Main St., Tel. 309-874-2323).

SPRINGFIELD 7 C7

Die Hauptstadt des Staates Illinois (116 000 Einw.) war die Wahlheimat des sechzehnten US-Präsidenten Abraham Lincoln (1809–1865). Und »Abe« ist in Springfield noch heute allgegenwärtig:

Besonders interessant ist die Umgebung am **Lincoln Home,** seinem Wohnhaus und heute National Historic Site (426 S. 7th St., www.nps.gov/liho; gratis »First-come-first-serve-Tickets« im im Visitor Center, Touren tgl. 9–16.30 Uhr).

Wer sich näher mit der Materie befassen will, besucht die **Abraham Lincoln Presidential Library** und das benachbarte **Museum** (www.alplm.org; Bücherei: 112 N. 6th St.; Museum: 212 N. 6th St.; tgl. 9 bis 17 Uhr, Bücherei Sa/So geschl.).

INFO

Springfield CVB

- 109 N. Seventh St. | Springfield IL 62701 | Tel. 1-800-544-7300 www.visit-springfieldillinois.com

HOTEL

The State House Inn €€

Gute Lage und dezenter Service zeichnen das Hotel aus, mit Betonung auf umweltfreundliche Gastfreundschaft.

- 101 E. Adams St. | Tel. 217-528-5100 www.thestatehouseinn.com

RESTAURANT

Pie's the Limit €

Wie der Name schon sagt: Hier dreht sich alles um *pies*, also Pasteten. Köstlich, sagen die (Stamm-)Kunden.

- 1710 S. MacArthur Blvd. | Tel 217-679-3846 www.piesthelimit.com

ST. LOUIS 8 C8

Ein gigantischer Bogen kündigt die einst reichste Stadt (311 000 Einw.) am Mississippi von Weitem an: Der **Gateway Arch** ist das stählerne Wahrzeichen von St. Louis, jener Metropole, die als »Tor zum Westen« gilt. Das Monument ist ein architektonisches Jahrhundertwerk, bestehend aus 142 sich verjüngenden dreieckigen Stahlsegmenten. Auf beiden Seiten fährt eine Bahn durch das hohle Innere, um Besucher zum Aussichtspunkt im Scheitelpunkt des 192 m hohen Stahlbogens zu bringen, an dem inzwischen der Zahn der Zeit nagt (www.gatewayarch.com; Sommer tgl. 8 bis 22 Uhr, Winter 9–18 Uhr). Zug um Zug aufgewertet, z. B. mit einem Park, wird aber der Bereich zu Füßen des Gateway Arch (Aktuelles unter www.archpark.org).

Nicht nur Bierfreunde sollten sich eine Tour durch die riesige **Anheuser-Busch-Brauerei** genehmigen. Der Gratis-Rundgang führt vorbei an dem historischen Brauhaus und durch die gigantischen Lagerhäuser. Als Abschluss gibt es natürlich einen Schluck »Bud« – und für Kinder ein alkoholfreies Erfrischungsgetränk (12th/Lynch Sts., www.budweisertours.com; Mo bis Sa 10–16, So 11.30–16 Uhr, im Sommer länger).

Einen Einkaufsbummel der besonderen Art verspricht die **Union Station**, ein ehemaliger Bahnhof aus den 1890er-Jahren, hinter dessen Fassade sich eine riesige Shopping Mall befindet (18th/Market Sts., www.stlouisunionstation.com).

INFO

Explore St. Louis

- 701 Convention Plaza | Suite 300 St. Louis | MO 63101 | Tel. 1-800-916-8938 www.explorestlouis.com
- Visitor Information Centers: Gateway Arch Visitor Center in der Lobby des neuen West-Eingangs (Luther Ely Smith Sq.); im America's Center Convention Complex (7th/Washington Sts.); im Forest Park (5595 Grand Dr.).

HOTELS

Drury Inn & Suites €€

Schönes Suitehotel in Downtown St. Louis mit freiem Parken. Kurze Wege zu den Attraktionen der Stadt.

- Convention Center | 711 N. Broadway Tel. 314-231-8100 | www.druryhotels.com

Der Gateway Arch vor St. Louis' Downtown

Omni Majestic Hotel €€

Moderner Komfort in historischem Ambiente des eleganten Hauses von 1914.

- 1019 Pine St. | Tel. 314-436-2355 www.hotelmajesticstlouis.com

RESTAURANTS

Grbic Restaurant €€

Die Betreiber kredenzen Balkan-Spezialitäten – und ernten dafür großes Lob bei Einheimischen und Touristen gleichermaßen.

- 4071 Keokuk St. | Tel. 314-772-3100 www.grbicrestaurant.com

Ted Drewes Frozen Custard €

Die Wiege des Beton-Shake, der komplett im Becher bleibt, wenn man ihn umdreht.

- 6726 Chippewa | Tel. 314-481-2652 www.teddrewes.com

NIGHTLIFE

Laclede's Landing nahe dem Mississippiufer hat sich dem Jazz verschrieben im historischen Backsteinviertel **Soulard District** dominieren Blues-Bars die Szenerie.

FLORIDA

Surfbordvermietung am Strand von Miami

In Florida kommt jeder auf seine Kosten, sei es in den Themenparks von Orlando oder den Sümpfen der Everglades, in Metropolen wie Miami, auf den paradiesischen Keys oder bei dem Kultur- und Strandangebot rund um die Tampa Bay.

Kein Standort des »Sunshine State« ist mehr als zwei Stunden vom Meer entfernt. So kann man Strand und Sonne gut mit Stadt- und Naturerlebnis kombinieren – mit Metropolen unter Palmen wie dem dynamischen Duo Miami und Miami Beach. Vor deren Toren erstrecken sich wiederum mit dem Sumpf- und Marschland der Everglades oder der Inselkette der Florida Keys einzigartige Ökosysteme.

Rein künstliche Welten findet man dagegen in der Themenpark-Stadt Orlando. Hier könnte man sich vier Wochen lang aufhalten und hätte nicht alle Attraktionen der Freizeitparks von Disney, Universal & Co kennengelernt.

So manch ein Florida-Besucher kommt deshalb in Gewissenskonflikte, denn die Zeit, die man im Themenpark verbringt, geht vom Strandurlaub ab und umgekehrt – von anderen sehenswerten Zielen in Florida wie etwa dem Kennedy Space Center in Cape Canaveral, der Hemingway-Insel Key West oder der ältesten Stadt der USA, St. Augustine, gar nicht zu reden.

TOUREN IN DER REGION

TOUR 8

SONNE, SPASS UND STRÄNDE

ROUTE: Miami > Fort Lauderdale > Palm Beach > Kennedy Space Center > Orlando > Tampa > Clearwater Beach > Fort Myers > Naples > Alligator Alley > Miami

KARTE: Seite 111

DAUER/LÄNGE: 14 Tage; 1115 km

PRAKTISCHE HINWEISE:

- Bei einem längeren Aufenthalt in Orlando oder an einer Stranddestination kann sich die Tour leicht um eine Woche ausdehnen.
- Besucht man in Orlando mehrere Themenparks, sollte man unbedingt nach Kombitickets fragen.

TOUR-START:

Diese Tour konzentriert sich auf die untere Hälfte Floridas, wo touristisch gesehen die Musik spielt.

Karte S. 111

Von **Miami** 2 › S. 113 aus geht die Fahrt entlang der Ostküste in das »Venedig Amerikas«, das von über 250 km Kanälen durchzogene Fort Lauderdale J15, wo die angeblich weltgrößte Outlet Mall Sawgrass Mills › S. 50 zum Shopping lockt.

Das mondäne Palm Beach J15 ist dann wegen seines Wahrzeichens und prächtigsten Hotels der USA einen Zwischenstopp wert: des palastartigen The Breakers › S. 35.

An der Küste weiter in Richtung Norden übt auch 50 Jahre nach der ersten Mondlandung der Weltraum eine ungebrochene Faszination aus, die man in **Cape Canaveral** 6 › S. 119 im Kennedy Space Center hautnah erleben kann. Nach so viel realer Hochtechnologie wirkt die bunte Kunstwelt von **Orlando** 5 › S. 116 noch skurriler als ohnehin.

In Tampa G14 wartet mit Busch Gardens (www.buschgardens.com) ein weiterer Vergnügungs- und Tierpark. Gelegenheit, die Eindrücke auf sich wirken zu lassen, gibt es an den Stränden der Pinellas Suncoast, z. B. denen von **Clearwater Beach** 10 › S. 122. Weiter an der Westküste Floridaslädt ein Küstenort nach dem anderen zum Aufenthalt ein. Trotzdem gibt es noch Refugien wie z. B. die idyllische Insel **Sanibel** 12 › S. 123 bei der lebhaften Strandstadt **Fort Myers** 11 › S. 122.

In Naples H15 heißt es dann Abschied nehmen von der Westküste. Der Rückweg nach **Miami** führt über den Hwy. 41, vulgo Alligator Alley. In den Sümpfen rechts und links der Fahrbahn sieht man den Grund für den Spitznamen.

TOUR 9

HEMINGWAY & HUMPHREY BOGART

ROUTE: Miami › Florida City/Everglades National Park › Key Largo › Key West › Miami

KARTE: Seite 111
DAUER/LÄNGE: 4 Tage; 500 km
PRAKTISCHER HINWEIS:

- Angesichts zahlreicher Ortsdurchfahrten, Brücken und Attraktionen nimmt die Hinfahrt mindestens 4 Std. in Anspruch Schon deshalb sollte man eine oder zwei Nächte in Key West unbedingt einplanen.

TOUREN IN FLORIDA

TOUR 8

SONNE, SPASS UND STRÄNDE

Miami › Fort Lauderdale › Palm Beach › Kennedy Space Center › Orlando › Tampa › Clearwater Beach › Fort Myers › Naples › Alligator Alley › Miami

TOUR 9

HEMINGWAY & HUMPHREY BOGART

Miami › Florida City/Everglades National Park › Key Largo › Key West › Miami

New Orleans
Atlanta
Georgia
Thomasville
Tallahassee
Valdosta
Waycross
Brunswick
Port St. Joe
Apalachicola
Apalachicola
Okefenokee N.W.R.
Perry
Suwannee
Fernandina Beach
Lake City
Jacksonville
Chiefland
Starke
Gainesville
St. Augustine
Cedar Key
Palatka
St. Johns
Golf von Mexiko
Crystal River
Ocala
Palm Coast
Ormond Beach
Florida
Daytona Beach
Brooksville
Apopka
Sanford
Clearwater Beach
Clearwater
Universal
Orlando
Walt Disney World
Tampa
Titusville
St. Petersburg
Brandon
Lakeland
Kissimmee
Kennedy Space Center
Haines City
Cape Canaveral
Bradenton
Lake Wales
Florida's Turnpike
Sarasota
Melbourne
Arcadia
Sebring
Vero Beach
Boca Grande
Okeechobee
Fort Pierce
Captiva Island
Cape Coral
Sanibel Island
Fort Myers
Lake Okeechobee
Stuart
Ft. Myers Beach
Clewiston
Pahokee
Naples
Immokalee
Jupiter
Belle Glade
West Palm Beach
Palm Beach
Boca Raton
Everglades City
Ft. Lauderdale
Hollywood
Everglades N.P.
Miami
Miami Beach
ATLANTISCHER OZEAN
Homestead
START 8
START 9
Marquesas Keys
Flamingo
Florida City
Key West
Key Largo
John Pennekamp Coral Reef State Park
Marathon
Islamorada
0 50 Meilen
0 50 Kilometer
N

TOUR-START:
Key West ist die westlichste der Florida Keys, einer Gruppe von 1700 Eilanden, gleichzeitig auch die südlichste, die mit dem Auto zu erreichen ist. Die Fahrt führt über den Overseas Highway (US 1), begleitet von fantastischen Ausblicken auf die Inselwelt – wo allerdings noch längst nicht alle der immensen Schäden beseitigt sind, die Hurrikan »Irma« 2017 anrichtete.

Bevor es von **Miami** 2 > S. 113 aus in Richtung Keys losgeht, gilt es, einen Abstecher nach **Florida City** und dort zum **Everglades National Park** 3 > S. 114 zu machen. Hier bekommt man einen unverfälschteren Einblick in das einmalige Ökosystem als bei vielen der rund um das Schutzgebiet angebotenen kommerziellen Everglades-Touren.

Von den zahllosen Keys, die man unterwegs passiert, klingt einer bei Filmfreunden besonders nach – auch wenn »Gangster in Key Largo« mit Humphrey Bogart im Studio gedreht wurde. Heute ist Key Largo J16 eine beliebte Urlaubsdestination, besonders für Taucher. > mehr S. 12 Punkt 2 Zu entdecken gibt es Schiffswracks und eigens versenkte Schiffe, das Visitor Center informiert über Touranbietern (Milemarker 106, US. 1, Tel. 1-800-822-1088, www.keylargochamber.org).

Zwischen Vaca Key und Bahia Honda Key führt die Fahrt über die spektakuläre Seven Mile Bridge fast 12 km lang übers azurblaue Meer. Am farben- und lebensfrohen Ziel **Key West** 4 > S. 115 wähnt man sich schließlich in jeder Hinsicht schon in der Karibik.

UNTERWEGS IN FLORIDA

MIAMI BEACH & MIAMI

»Bienvenidos a Miami!« Nein, man hat sich nicht verfahren und befindet sich immer noch in den USA. Denn aufgrund der stetigen Einwandererströme insbesondere aus Kuba sprechen Schätzungen zufolge inzwischen mehr als die Hälfte der 454 000 Stadtbewohner vorrangig spanisch. Dieser Umstand hat Miami auch den Spitznamen »nördlichste Stadt Kubas« eingebracht. Während es hier eher geschäftig zugeht, zieht es Touristen in der Regel zuerst nach Miami Beach.

MIAMI BEACH 1 J15

Prunkstück der selbstständigen Stadt (92 000 Einw.) an der Ostseite der Biscayne Bay – einem der Top-Urlauberdorados der Staaten – ist der zwischen der 5. und 23. Straße liegende **Art Deco District** ★ mit seinen verspielten pastellfarbenen Bauten aus den 1930er- und 1940er-Jahren. Das **Art Deco Welcome Center** zeigt dazu eine Ausstellung, hält Informationsmaterial bereit und bietet Führungen an (Oceanfront Auditorium, 1001 Ocean Dr., Tel. 305-672-2014, www.mdpl.org; Di–So 10–17 Uhr).

Das fotogene Colony Hotel im Art Deco District von South Beach, Miami Beach

Den Bummel durch South Beach kann man gut am **Ocean Drive** ausklingen lassen, der Tag und Nacht pulsierenden Strandpromenade mit besonders schönen Art-déco-Bauten. › mehr S. 16 Punkt 26

MIAMI 2 J15

Interessanteste Adresse in Downtown Miami ist der **Bayfront Park,** eine Grünanlage direkt am Ufer der Biscayne Bay, deren Mittelpunkt der **Bayside Marketplace** einnimmt, ein Shopping-, Restaurant- und Nightlife-Komplex.

Eher in Florenz als in Miami würde man die etwas südlich gelegene **Villa Vizcaya** vermuten, einen Palast im Renaissancestil inmitten einer herrlichen Gartenanlage, der heute ein Museum ist (3251 South Miami Ave., www.vizcayamuseum.org; Mi–Mo 9.30–16.30 Uhr).

Um eine der populärsten Attraktionen Miamis zu besuchen, muss man auf die kleine Insel Virginia Key fahren: Hier befindet sich das **Miami Seaquarium,** eines der größten Ozeanarien im Sunshine State. (4400 Rickenbacker Cswy., www.miamiseaquarium.com; tgl. 10 bis 18 Uhr; 46,99 $, Kinder 36,99 $). Deutlich teurer wird es, wenn man mit Robben interagieren oder mit Delfinen schwimmen will (150 $ bzw. 210 $).

Zurück in der Stadt, sollte man sich zwei Bezirke nicht entgehen lassen: **Coconut Grove,** das einstige Künstlerviertel mit seinen verwinkelten Straßen, spanisch anmutenden Häusern und gemütlichen

Lokalen (Grand Ave./Main Hwy.); und **Little Havana,** die kubanische Enklave mit karibischer Atmosphäre an der S.W. 8th Street, die auch als »Calle Ocho« bekannt ist.

INFO

Greater Miami CVB

- 701 Brickell Ave. | Suite 2700
  Miami | FL 33131 | Tel. 305-539-3000
  www.miamiandbeaches.com

The Miami Beach Visitors Center

- 1901 Convention Center Dr.
  Convention Center Hall C
  Miami Beach | FL 33139
  Tel. 786-276-2763
  www.miamibeachguest.com

HOTELS

InterContinental €€–€€€

Wer unbedingt in Downtown wohnen will, ist hier richtig. Traumhafter Blick auf die Biscayne Bay.

- 100 Chopin Plaza | Miami
  Tel. 305-577-1000
  www.icmiamihotel.com

Freehand Miami €€

Kleines Art-déco-Hotel mit angeschlossenem Hostel, farbenfrohe Zimmer mit Key-West-Charme.

- 2727 Indian Creek Dr. | Miami Beach
  Tel. 305-531-2727 | www.thefreehand.com

RESTAURANTS

Ola at the Sanctuary €€€

Ein Beweis, dass Künstler am Herd unterschiedlichste Küchen kombinieren können: Serviert werden Gerichte mit südamerikanisch-asiatischem Einschlag.

- 1745 James Ave. | Miami
  Tel. 305-695 9125 | www.olamiami.com

Joe's Stone Crab Restaurant €€

Auf der Karte überwiegt – wen wundert's – Seafood. Aber auch Steakfreunde kommen auf ihre Kosten.

- 11 Washington Ave. | Miami Beach
  Tel. 305-673-0365
  www.joesstonecrab.com

EVERGLADES NATIONAL PARK 3 7 H/J16

Eines der schönsten, aber auch labilsten Ökosysteme Amerikas beginnt gleich hinter den westlichen Vororten von Miami: die Everglades, ein riesiges Sumpfgebiet, das vor dem Eingriff des Menschen einst den gesamten Süden Floridas bedeckte. Nachdem zu Anfang des 20. Jhs. große Teile davon trockengelegt und so für den Obst- und Zuckerrohranbau gewonnen wurden, ist das Feuchtgebiet mit seinen endlos scheinenden Schilfgrasflächen und seinem dichten Mangrovengürtel nur noch 80 km breit und 160 km lang.

Aber selbst dieses kleine Naturparadies, das Lebensraum für bedrohte Spezies wie Alligatoren, Krokodile, Seekühe, Schildkröten und Florida-Panther sowie eine reiche Vogel-, und Fischwelt bietet, ist gefährdet – obwohl es seit 1947 als Nationalpark ausgewiesen ist und seit 1979 zum UNESCO-Weltnaturerbe zählt. > **mehr S. 12 Punkt 8**

Der Haupteingang des Everglades-Nationalparks befindet sich etwa 60 km westlich von Miami bei **Florida City** an der SR 9336. Die Straße führt, vorbei am Ernest Coe

Herausgeputzte Häuser in typischer Key-West-Architektur in der Truman Avenue

Visitor Center (Tel. 305-242-7700, www.nps.gov/ever; tgl. 9–17 Uhr), mehr als 60 km in den Park hinein und endet in **Flamingo,** wo man ebenfalls ein Visitor Center findet (Tel. 239-695-2945). Die ganze Strecke sollte man jedoch nur auf sich nehmen, wenn man plant, in Flamingo an einer Bootstour in der Florida Bay teilzunehmen oder ein Kanu zu mieten.

KEY WEST 4 H16

In Südflorida ist die Karibik nah, man erreicht sie sogar mit dem Auto auf dem Overseas Highway › S. 112, der – begleitet von herrlichen Ausblicken auf die Florida Keys – nach Key West führt, die einzige karibische Insel auf US-Gebiet.

Key West ist bekannt für seine Karibikstimmung rund ums Jahr, die schon Ernest Hemingway und Tennessee Williams anlockte. Auf den Spuren des ersten wandelt man im **Ernest Hemingway Home and Museum**, einem Anwesen aus dem Jahr 1851, das für »Papa«, wie er auf Key West liebevoll genannt wird, 30 Jahre lang ein Zufluchtsort war (907 Whitehead Street, www.hemingwayhome.com; tgl. 9–17 Uhr).

Hemingways sozusagen zweites Zuhause war **Sloppy Joe's Bar**. Das Lokal am heutigen Standort Ecke Green und Duval Streets ist zwar nicht das, in das »Papa« seinerzeit einkehrte (das befindet sich an der 428 Green St. und heißt heute Capt. Tony's Saloon), im Sloppy Joe's wird aber das Andenken an den Literaten hochgehalten, unter anderem mit einem jährlichen Hemingway-Ähnlichkeitswettbewerb.

Die **Duval Street** ist das touristische Zentrum von Key West, gesäumt von Dutzenden von Kneipen.

› mehr S. 12 Punkt ❶ Hier steht auch das **Southernmost House** (Nr. 1400), eines der prächtigsten Anwesen der Insel, das auch schon fünf US-Präsidenten als Bleibe schätzten. Das heutige Resort › unten verdankt seinen Namen der Tatsache, dass Key West die südlichste Stadt der USA ist (und sich näher an Kuba als an Miami befindet) – wie jede Menge andere mit einem *southernmost* geadelte lokale Unternehmen.

An der Seefahrt Interessierte zieht es ins **Mel Fisher Maritime Museum,** das Funde aus gesunkenen spanischen Galeonen präsentiert (200 Greene Street, www.melfisher.org; Mo–Fr 8.30–17, Sa/So 9.30–17 Uhr), oder ins **Key West Shipwreck Museum,** wo der Alltag der Abwracker im 19. Jh. lebendig wird (1 Whitehead S., www.keywestshipwreck.com; tgl. 9.30–17 Uhr).

In der charmanten Old Town sollte man sich abends zum **Mallory Square** begeben, wo der Sonnenuntergang mit einer unbeschreiblichen Party zelebriert wird.

INFO

Key West Visitors Center

- 1601 N. Roosevelt Blvd. | Key West FL 33040 | Tel. 1- 855-539-9378
  www.keywestvisitorscenter.com

HOTELS

Southernmost House €€€

Komfort und Nostalgie in einem prächtigen Anwesen von 1896.

- 1400 Duval St.
  Tel. 305-296-3141
  www.southernmosthouse.com

Eden House €€

Mitten in der Altstadt gelegen und trotz des nahen Trubels sehr ruhig – diesen Spagat schafft das Eden House. Die teils winzigen Zimmer sind zwar nicht billig, dafür gibt es aber, nicht zu unterschätzen, einen Gratis-Parkplatz.

- 1015 Fleming St. | Tel. 305-296-6868
  www.edenhouse.com

Key West Bed and Breakfast €€

Denkmalgeschütztes viktorianisches B & B in Old Town mit kunstvoll eingerichteten Zimmern.

- 415 William St. | Tel. 305-296-7274
  www.keywestbandb.com

RESTAURANTS

Nine One Five €€€

Auf der Terrasse des viktorianischen Anwesens lässt sich ein Tag in Key West stilgerecht beenden. Moderne amerikanische Küche.

- 915 Duval St. | Tel. 305-296-0669
  www.915duval.com

Mangia, Mangia €€

Die Besitzer dieses Restaurants nennen es ein »Pasta-Café«, auf den Tisch kommen v. a. riesige Nudelgerichte.

- 900 Southard St. | Tel. 305-294-2469
  www.mangia-mangia.com

ORLANDO 5 H14

Orlando, die Heimat von Mickey Mouse, war bis in die 1960er-Jahre ein verschlafenes Provinznest. Doch dann zog der Disney-Konzern südwestlich von Orlando (277 000 Einw.) einen Riesenvergnügungspark hoch und siedelte auch seine Firmenzentrale hier an.

WALT DISNEY WORLD 8

Für viele ist Orlando das Synonym für Walt Disney World, das aus vier großen Parks besteht: Zum 1971 eröffneten Magic Kingdom gesellten sich 1982 das Epcot Center, 1989 die Disney-MGM-Studios (seit 2008 Disney's Hollywood Studios) und 1998 Animal Kingdom.

Fast alle Besucher zieht es zuerst ins **Magic Kingdom**, den weltweit meistbesuchten Themenpark (jährl. ca. 20 Mio. Gäste). Vom Haupteingang führt der Weg auf der Main Street, einer nachgebaute US-Stadt des frühen 20. Jhs., zum Cinderella Castle, wo sich der Touristenstrom in sechs Parks verteilt. Schwerpunkt bilden hier die klassischen Disneyfiguren. Im jüngsten Park New Fantasyland braust die Familien-Achterbahn »Seven Dwarfs Mine Train« durch die Welt der sieben Zwerge.

Im **Epcot Center** umgibt eine Art Weltausstellung das Spaceship Earth. Gut ein Dutzend Länder werden im World Showcase präsentiert.

In **Disney's Hollywood Studios** sind die Filmroduktionen Thema wie die Muppets, Toy Story und v. a. Star Wars – bis hin zum Ableger »Rogue One«. Auch Walt Disney wird mit einem Bereich gewürdigt. Den größten Nervenkitzel bereitet der »Twilight Zone Tower of Terror«, bei dem man in einem Fahrstuhl 13 Stockwerke in die Tiefe stürzt. Im neuen Toy Story Land dreht sich alles um die Pixar-Filme.

Beim **Animal Kingdom** handelt es sich um eine Art Erlebnis-Zoo, u. a. mit Safari durch Flora und Fauna aus Afrika und Asien. Die Achterbahn »Expedition Everest« rast über den höchsten Berg der Welt.

Alle vier Walt Disney World Resort Themeparks sind täglich mindestens 9–19 Uhr, mitunter sogar bis 1 Uhr nachts geöffnet. Die Preise für die Parks als gesalzen zu be-

Cinderella Castle ist das Wahrzeichen von Walt Disney Worlds Magic Kingdom

BESONDERE THEMENPARKS

Im Sog der »Großen« sind in Orlando zahlreiche andere Erlebnisparks entstanden, darunter fallen auch einige aus dem Rahmen:

- In **Gatorland** dreht sich alles um Alligatoren. Mutige können sich ihnen im Gehege nähern oder darüber per Zipline schweben. (14501 S. Orange Blossom Trail, Tel. 1-800-393-5297, www.gatorland.com; 29,99 $, Kinder 19,99 $).
- **Harry P. Leu Gardens** zeigt, dass man in Orlando mit allem rechnen muss, selbst mit prächtiger Pflanzenvielfalt in einem botanischen Garten (1920 N. Forest Ave., Tel. 407-246-2620, www.leugardens.org; 10 $, Kinder 5 $).
- **Fun Spot America** bietet u. a. für die Größeren rasante Go-Kart-Fahrten auf mehreren Levels, ebenso luftige Spannung mit einem Sky Coaster. Für die Kleineren gibt es sanfte (Achter-)Bahnen und Karussells (5551 Del Verde Way, Tel. 407-363-3867, www.fun-spot.com; 49,95 $).
- Im Themen- und Wasserpark von **Legoland Florida** südlich von Orlando kann man sich aus den Bauklötzen ein Floß bauen und es gleich zu Wasser lassen. Neben Rides im Lego-Design gibt es auch einen schönen botanischen Garten (1 Legoland Way, Winter Haven, Tel. 1-877-350-5346, www.legoland.com/florida; online 97,49 $, Tageskasse 111,49 $).

zeichnen, wäre eine Untertreibung. Ein Zweitagespass (ein Park pro Tag) für einen Erwachsenen kostet z. B. bei Vorabbuchung 198 € für Besucher ab 10 Jahre, Kinder 3–9 Jahre zahlen 187 €. Park-Hopping, also der Besuch mehrerer Parks an einem Tag, kostet 60 € extra. Infos zu allen Parks: Tel. 407-939-6244, www.disneyworld.disney.go.com.

UNIVERSAL ORLANDO

In puncto Unterhaltung hat Disney seit 1990 harte Konkurrez: die **Universal Studios Florida.** Beim Ableger des Medienkonzerns aus Hollywood taucht man in die Filmwelt ein, v. a. der Spezialeffekte. Harry Potter, Shrek, Transformers, Minions, Simpsons & Co. geben sich hier ein Stelldichein. > mehr S. 16 Punkt 24

Gleich nebenan eröffneten die Studios noch einen riesigen Themenpark, **Islands of Adventure,** der so gut konzipiert ist, dass sogar die berühmte Maus ins Zittern kommt. »The Wizarding World of Harry Potter« etwa umfasst zwei Themenwelten, sowohl in den Universal Studios als auch auf den Islands of Adventure, verbunden durch den Hogwarts Express. Will man beide sehen, braucht man allerdings Tickets für beide Parks. Ein neuer spannender Ride ist »Jurassic Park River Adventure«.

Universal Studios und Islands of Adventure sind täglich mindestens 9–19 Uhr, im Sommer länger geöffnet. Tageskarte für beide ab 170 $, Kinder 3–9 Jahre 165 $. Infos: Tel. 407-363-8000, www.universalorlando.com.

SEAWORLD ORLANDO

In der riesigen SeaWorld, sind Delfine, Seelöwen und Pinguine die Stars, die besonders umstrittenen Orca-Shows wurden eingestellt.

Seaworld angeschlossen sind die zwei Wasserparks **Aquatica,** der als Südseeinsel angelegt ist, und **Discovery Cove,** wo man mit Delfinen schwimmen und Riffe aus nächster Nähe erleben kann (7007 Seaworld Dr., www.seaworld.com; tgl. mind. 9–18 Uhr; Tageskarte ab 79,99 $ bei Online-Reservierung).

INFO

Orlando CVB Visitor Center

- 8102 International Dr. | Suite 101 Orlando | FL 32819 | Tel. 407-363-5872 www.visitorlando.com tgl. 8–21 Uhr

HOTELS

Disney's Port Orleans Resort French Quarter €€€

Großzügig angelegtes Hotel im Disney-World-Komplex, inspiriert vom Original in Louisiana; Shuttles zu den Attraktionen.

- 2201 Orleans Dr. | Tel. 407-934-5000 www.disneyworld.disney.go.com

Staybridge Suites Orlando €€

Die recht preiswerten Suiten mit Schlaf-, Wohnzimmer und Küche ähneln eher einer Ferienwohnung. Familienfreundliche Anlage.

- 8751 Suiteside Dr. | Tel. 1-800-866-4549 www.sborlando.com

RESTAURANT

Fogo De Chao €€

Im Stil eines brasilianischen Rodizios bringen die Kellner immer wieder Fleischspezialitäten an den Tisch – bis zum Abwinken.

- 8282 International Dr. | Tel. 407-370-0711 www.fogodechao.com

NIGHTLIFE

Am Abend geht der Spaß in Disneys eigener Welt weiter: In **Downtown Disney** und **Disney Springs** gibt es eine riesige Auswahl an Shops und Restaurants und ein Kino mit 24 Sälen. **Universal** konterte mit dem **CityWalk,** u. a. mit riesigem Hard Rock Café, Livemusik im Coliseum of Rock 'n' Roll und Shows der Blue Man Group.

SHOPPING

Unter den 40 Geschäften in Downtown Disney findet man auch den weltgrößten **Disney Store,** wo man von Kitsch bis zu hochwertigen (teuren) Kunstdrucken alles rund um Mickey & Co. findet (1780 E. Buena Vista Dr., Tel. 407-939-2698).

CAPE CANAVERAL 6 H14

Die NASA gab dem Besucherzentrum von Cape Canaveral an der SR-405 den vergnügungsparkwürdigen Namen **Spaceport USA.** Von hier aus verließ der erste Amerikaner die Erde, machte sich Apollo 11 auf den Weg zum Mond, starten immer noch Raketen ins Weltall. Und auch die Besucher lässt die NASA an den Sternen schnuppern.

Anlaufstation hierfür ist der **Kennedy Space Center Visitor Complex.** › mehr S. 18 Punkt 40 Die dort startende Kennedy Space Center Tour an Bord eines klimatisierten Busses zeigt den Besuchern das restliche Gelände und führt unter anderem vorbei am Apollo/Saturn V Center, das Teile der Saturn V Mondrakete beherbergt und die Geschichte der Mondlandung von 1969 unter Einsatz multimedialer Einrichtungen erzählt. > mehr S. 17 Punkt 33 Zusätzlich zur Tour erlaubt das Ticket auch den Besuch beliebig vieler IMAX-Filme an einem Tag (www.kennedyspacecenter.com; tgl. 9–17 Uhr, im Sommer länger, letzte Tour 14.45 Uhr, Dauer 2–2,5 Std.; Erw. 57 $, Kinder 47 $).

DAYTONA BEACH 7 H13

Die legendäre Motorsport-Stadt Daytona Beach (67 000 Einw.) ist ein Muss für alle PS-Fans. Das Museum **Daytona 500 Experience** auf dem Gelände des Speedway ist zu einem Themenpark getunt worden. Auf der Originalstrecke des Daytona 500-Rennens kann man einige Runden bei Höchstgeschwindigkeit drehen, als Beifahrer oder für richtig viele Dollar auch als Fahrer am Steuer eines Rennboliden. Ruhigere Zeitgenossen nehmen an einer Tour hinter die Kulissen teil (1801 West Daytona International Speedway, www.daytonainternationalspeedway.com/Tours). Und wer dann noch nicht genug hat, kann mit dem Auto gegen Entgelt sogar in Bereichen den breiten **Sandstrand** von Daytona Beach befahren. > mehr S. 16 Punkt 27

Richtig Gas geben – im übertragenen Sinn – die Studenten aus ganz Amerika während der Daytona Beach Spring Break zwischen Ende Februar und Mitte April. Die Jugend des Landes feiert dann ausgelassen rund um die Uhr. Als Nicht-Student sollte man zu dieser Zeit das seltsame Ballyhoo höchstens aus sicherer Entfernung anschauen. > mehr S. 19 Punkt 50

Erholungsuchende zieht es zum **Ponce de Leon Inlet** im Süden Daytonas, mit ruhigeren Stränden und einem Leuchtturm von 1887. Dessen Besteigung lohnt sich wegen des tollen Panoramas (www.ponceinlet.org; tgl. ab 10 Uhr).

INFO

Daytona Beach Area Visitors Bureau

- 126 E. Orange Ave. | Daytona Beach FL 32114 | Tel. 386-255-0415 www.daytonabeach.com

ST. AUGUSTINE 8 H13

Das idyllische St. Augustine (14 300 Einw.) gilt als älteste ständig bewohnte Ansiedlung der USA. Hier betrat der spanische Eroberer Ponce de León 1513 erstmals amerikanischen Boden. 52 Jahre später gründeten seine Landsleute die Siedlung.

Auf dem Weg zum historischen Ortskern kommt man an **Ripley's Believe It Or Not! Odditorium** vorbei. Zu bestaunen gibt es makabre Kuriositäten wie ein Schaf mit zwei Köpfen oder einen Mann mit Nagel im Schädel (19 San Marco Ave., www.ripleys.com/staugustine; tgl. 9 bis 20 Uhr, 13,99 $).

Vorbei am 1672–1695 aus weißem Muschelkalkstein gebauten Fort **Castillo de San Marcos** führt der Weg in die historische Altstadt, deren malerische St. George Street zurück ins 17. Jh. versetzt. Das windschiefe **Wooden School House** macht nicht den Eindruck, als könne es Wind und Wetter trotzen. Im Inneren wird mit Mobiliar und Exponaten der Schulalltag im 18. Jh. lebendig (14 St. George St.).

Die sich anschließende restaurierter Häusergruppe bildet das **Restored Spanish Quarter Museum,** in dem kostümierte Führer das hispanische Kolonialleben nachspielen (33 St. George St.). Jenseits der **Cathedral of St. Augustine** (40 Cathedral Place), Amerikas ältester katholischer Pfarrei von 1797, liegt das **Oldest Store Museum** (4 Artillery Ln.), ein restaurierter Krämerladen mit Waren des späten 19. Jhs.

Abendspaziergänge der besonderen Art sind **Ghost Tours** durch St. Augustine, bei denen einem mysteriöse Gestalten begegnen (Tel. 904-829-1122, www.aghostlyexperience.com; Start tgl. außer So um 20 Uhr am Nordende der St. George St.; auch 1-stündige nächtliche Geister-Segeltörns). Auch Ripley's › links mischt inzwischen beim Gruselgeschäft mit einem »Geisterzug« mit (www.ghosttrainadventure.com).

INFO

St. Augustine, Ponte Vedra & The Beaches Visitors Center

- 10 W. Castillo Dr. | St. Augustine FL 32084 | Tel. 904-825-1000 www.floridashistoriccoast.com tgl. 8.30–17.30 Uhr

HOTEL

Howard Johnson by Wyndham €

Einfaches, preiswertes Hotel, um eine 500 Jahre alte Eiche herum erbaut.

- 137 San Marco Ave. | Tel. 904-824-6181 www.tinyurl.com/yalyh7xv

RESTAURANT

Columbia Restaurant €€

Touristisch angehaucht im historischen Stadtkern. Kubanische Küche.

- 98 St. George St. | Tel. 904-824-3341 www.columbiarestaurant.com

ST. PETERSBURG/ CLEARWATER

Die Region St. Petersburg/Clearwater auf der in die Tampa Bay hineinragenden Pinellas-Halbinsel gehört zu den Top-Destinationen an Floridas Westküste – kein Wunder, vereint sie doch Sonne und preisgekrönte Sandstrände mit urbanem Leben und breitem Kulturangebot.

ST. PETERSBURG 9 G14

Die Großstadt (261 000 Einw.) an der Tampa Bay, kurz »St. Pete« genannt, ist das wirtschaftliche und kulturelle Zentrum der Region, mit zwei Museums-Highlights: Das **Salvador Dalí Museum** besitzt die größte Sammlung an Werken des Künstlers, die in einem passend surreal wirkenden Glas-Museumsaufbau präsentiert werden (1000 3rd St. S., Tel. 727-823-3767, www.thedali.org; tgl. 10–17.30, Do bis 20 Uhr, 24 $). › mehr S. 16 Punkt 28

Und das **Museum of Fine Arts** zeigt eine hervorragende Kunstsammlung von der Antike bis zur amerikanischen Malerei des 20. Jhs. Hinzu kommt eine große Fotografie-Kollektion (255 Beach Dr. N.E., Tel. 727-896-2667, www.mfastpete.org; Mo–Sa 10–17, Do bis 20, So 12–17 Uhr, 20 $).

Ein Wahrzeichen von St. Pete ist **The Pier**, mit einem futuristischen Bau in Form einer auf dem Kopf stehenden Pyramide am Ende der Seebrücke Diese ist allerdings wegen aufwendigem Umbau seit 2013 geschlossen (aktuelle Infos unter www.newstpetepier.com).

Und Abends trifft man sich im **BayWalk**, einem Open-Air-Shopping- und Unterhaltungskomplex (www.yourbaywalk.com).

CLEARWATER BEACH 10 G14

Der Name ist hier Programm: In Clearwater Beach, nur wenige Meilen von St. Pete entfernt und durch die **Memorial Causeway Bridge** mit Downtown Clearwater verbunden, erstrecken sich über eine Länge von 4 km herrliche Sandstrände – und das Meerwasser ist hier tatsächlich glasklar. Kein Wunder, dass Clearwater Beach regelmäßig in der Liste der schönsten US-Strände auftaucht. Berühmt ist der Badeort auch für eine angebliche Rekordzahl von 361 Sonnentagen im Jahr.

Dreh- und Angelpunkt des Ortes ist der palmengesäumte **Pier 60**, wo es einen Spielplatz für Kinder und die Möglichkeit zum Fischen gibt. Abends treffen sich Einheimische und Besucher hier, um den spektakulären Sonnenuntergang zu genießen.

INFO

St. Petersburg/Clearwater Area CVB

- 8200 Bryan Dairy Rd. | Suite 200
  Largo | FL 33777 | Tel. 727-464-7200
  www.visitstpeteclearwater.com
  Mo–Fr 8.30–17 Uhr

HOTELS

Don CeSar Hotel €€–€€€

Der Anstrich des Traditionshauses von 1928 hat ihm den Beinamen »Pink Palace« eingebracht. Innen gibt es unaufdringlichen Luxus, der seinen Preis hat.

- 3400 Gulf Blvd. | St. Pete Beach
  Tel. 727-360-1881 | www.doncesar.com

Sheraton Sand Key Resort €€€

Resorthotel direkt am feinsandigen Strand mit allen Annehmlichkeiten.

- 1160 Gulf Blvd. | Clearwater Beach
  Tel. 727-595-1611
  www.sheratonsandkey.com

RESTAURANTS

Columbia Restaurant €€

Beliebtes kubanisches Restaurant, sehr romantisch bei Sonnenuntergang.

- 1241 Gulf Blvd. | Clearwater
  Tel. 727-596-8400
  www.columbiarestaurant.com

Mirage Restaurant €€

Variantenreiche persisch-mediterrane Küche, üppige Büffets.

- 2284 Gulf To Bay Blvd. | Clearwater
  Tel. 727-724-3604
  www.miragerestaurant.com

FORT MYERS 11 H15

Fort Myers galt schon vor den Zeiten des Massentourismus als ideale Winterflucht. Prominenteste *snowbirds* waren Thomas Edison und Henry Ford, ihre Ferienhäuser sind heute als Museen **Edison & Ford Winter Estates** zu besichtigen (2350 McGregor Blvd., Tel. 239-334-7419, www.edisonfordwinterestates.org; tgl. 9–17.30 Uhr, 25 $).

Die **Shell Factory** zeigt die angeblich weltgrößte Muschelsammlung und bietet einen kleinen Tier- und Funpark sowie einen großen Shop (2787 N. Tamiami Trail, www.shellfactory.com; tgl. 10–17 Uhr).

INFO

Lee County Visitor & Convention Bureau

- 2201 Second St. | Suite 600
  Fort Myers | FL 33901
  Tel. 239-338-3500
  www.fortmyers-sanibel.com

SANIBEL 12 H15 UND CAPTIVA 13 H15

Wer sich seine Muscheln lieber selber sammelt, als sie in Fort Myers zu kaufen, sollte sein Glück auf **Sanibel** versuchen. Die idyllische, durch einen breiten Damm mit dem Festland verbundene Insel bildet mit dem nördlich anhängenden kleineren Eiland **Captiva** einen Hort der Ruhe. Beide zusammen laden mit mehr als 20 Kilometern fantastischer Sandstrände zum Baden ein.

Im **J. N. »Ding« Darling National Wildlife Refuge** auf Sanibel Island lässt sich hervorragend die vielfältige Fauna Floridas beobachten: Etwa 240 Vogel-, 50 Reptilien- und 30 Säugetierarten leben hier (www.fws.gov/dingdarling; tgl. außer Fr 7.30–17.30 Uhr, Education Center 9–16, Sommer bis 17 Uhr).

HOTEL

Sanibel Harbour Marriott Resort & Spa €€€

Modernes, familienfreundliches Resort in schöner Lage auf Sanibel Island, in einer 20 ha großen Gartenanlage.

- 17260 Harbour Pointe Dr.
  Tel. 231-466-4000
  www.tinyurl.com/ycalzu79

Abendstimmung am Leuchtturm von Sanibel Island

DIE SÜDSTAATEN

Skyline von Midtown Atlanta

Karte S. 126

Beim Stichwort »Südstaaten« laufen ganze Filme im Kopf ab: Da ist Nostalgie pur mit Plantagen und Herrenhäusern, hier liegt Musik in der Luft, sei es in Nashville oder Memphis, und da ist die Faszination »Big Easy« – New Orleans.

Viele dieser Bilder sind zwar im wahrsten Sinne des Wortes vom Winde verweht. Dennoch findet man Landstriche und Städte, die diesem Klischee entsprechen. Der Spagat zwischen Tradition und Moderne gelingt in den Südstaaten. Obwohl ihre Sezessionsbestrebungen 1865 scheiterten, haben sich die ehemals »Konföderierten Staaten« ihre Eigenwilligkeit bewahrt, fast trotzig wird die Südstaatenflagge an den Häusern gehisst. Tatsächlich ist der »Deep South USA« ein anderes Amerika, man trifft hier noch öfters auf die legendäre Gastfreundschaft und auf kontaktfreudige Leute.

Sowohl landschaftlich als auch historisch hat der »Deep South USA« östlich des Mississippi mit den Bundesstaaten Louisiana, Mississippi, Tennessee, Alabama, Georgia und South Carolina so viel zu bieten, dass es für mehrere Urlaube reichen würde. Sei es in dem oft wie eine Filmkulisse wirkenden »Big Easy« New Orleans, in der Rock-'n'-Roll- und Blues-Metropole Memphis, in der Country-Hochburg Nashville, in Atlanta, der Stadt des Bürgerrechtlers Martin Luther King, oder auf dem Land, bei einem Abendessen nach Südstaatenart auf einer romantischen Terrasse.

TOUREN IN DER REGION

TOUR 10

HÖHEPUNKTE DER SÜDSTAATEN

ROUTE: New Orleans › Vacherie › Baton Rouge › Natchez › Vicksburg › Memphis › Nashville › Chattanooga › Atlanta › Montgomery › Mobile › New Orleans

KARTE: Seite 126
DAUER/LÄNGE: 14 Tage; 2300 km
PRAKTISCHER HINWEIS:

- Die Strecke Baton Rouge – Memphis folgt der Great River Road (US 61) entlang dem Mississippi.

TOUR-START:

Von **New Orleans** 1 › S. 128 aus nach Westen beginnt die Fahrt auf dem Highway 18 über **Vacherie** 2 › S. 132, vorbei am prächtigen Plantagen-Dreigestirn Laura, Oak Alley und **Nottoway** 3 › S. 132.

Weiter geht es über Louisianas Hauptstadt Baton Rouge C13, mit ihrem imposanten State Capitol, auf dem Highway 61 nach **Natchez** 4 › S. 133, die frühere Millionärshauptstadt von Mississippi. Der Bürgerkrieg ist Thema im National Military Park von **Vicksburg** 5 › S. 134, während mit Tunica C11 ein Vergnügungsort in Las-Vegas-Manier vor **Memphis** 6 › S. 134 lockt. Hier liegt nicht nur wegen Elvis Presley Musik in der Luft, ebenso wie im folgenden Tourenziel **Nashville** 7 › S. 136, der Country-Hauptstadt. In **Chattanooga** 9 › S. 137 ist Glenn Millers »Chattanooga Choo-Choo« allgegenwärtig, ein tolles Panorama genießt man vom Lookout Mountain.

In Georgias Hauptstadt **Atlanta** 10 › S. 138 sind die Welt von Coca Cola und das riesige Georgia Aquarium zwei Touristenmagnete.

Das nächste Ziel, Alabamas Hauptstadt **Montgomery** 11 › S. 140, steht für die Anfänge der afroamerikanischen Bürgerrechtsbewegung, woran u. a. das Civil Rights Memorial erinnert. Sehenswert ist auch Old Alabama Town mit 19. Jh.-Holzhäusern. In Mobile D13, wo sich ein Bummel durch den Oakleigh Historic District lohnt, nähert man sich der Golfküste und dem Ende der Reise. An Louisianas Küste entlang geht es über Biloxi und Gulfport wieder nach **New Orleans.**

TOUR 11

PLANTAGEN UND HERRENHÄUSER

ROUTE: New Orleans > Laura Plantation > Oak Alley Plantation > Nottoway Plantation > Rosedown Plantation > Rosemont Plantation > Natchez > Rosswood Plantation > New Orleans

KARTE: unten

LÄNGE: 5 Tage/585 km

PRAKTISCHE HINWEISE:

- Die meisten der Plantagen bieten auch stilvole Gästezimmer.
- In Natchez sind während der Spring und Fall Pilgrimages viele Anwesen zu besichtigen > S. 133.

TOUR-START:

Am Hwy. 18 von New Orleans nach Natchez findet man prächtige Antebellum-Anwesen aufgereiht: Kurz hinter **New Orleans** 1 > S. 128 erreicht man bei **Vacherie** 2 > S. 132 die wohl schönsten Plantagen: Laura, Oak Alley und dann **Nottoway** 3 > S. 132. Es folgen bei St. Francisville die bestens rekonstruierte Rosedown Plantation B13 (12501 Hwy. 10, Tel. 225-635-3332; tgl. 9–17, letzte Tour 16 Uhr) und bei Woodville die Rosemont Planta-

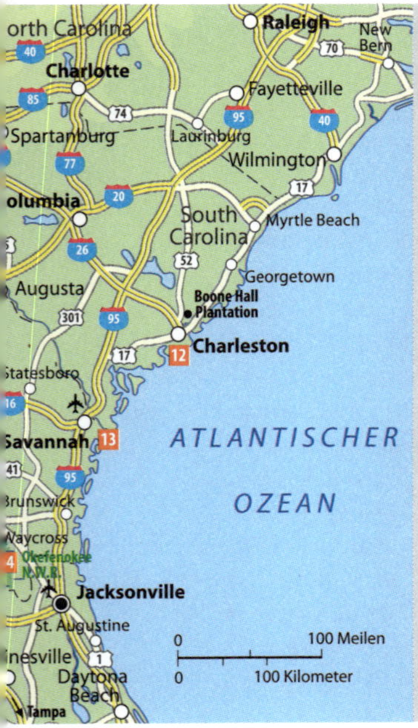

TOUREN IN DEN SÜDSTAATEN

TOUR 10

HÖHEPUNKTE DER SÜDSTAATEN

New Orleans > Vacherie > Baton Rouge > Natchez > Vicksburg > Memphis > Nashville > Chattanooga > Atlanta > Montgomery > Mobile > New Orleans

TOUR 11

PLANTAGEN UND HERRENHÄUSER

New Orleans > Laura Plantation > Oak Alley Plantation > Nottoway Plantation > Rosedown Plantation > Rosewood Plantation > Natchez > New Orleans

Karte S. 126

tion C13, Heim von Südstaaten-Präsident Jefferson Davis (Hwy. 24 E.; Touren Di–Sa 10–16 Uhr).

Höhepunkt ist dann **Natchez** 4 › S. 133 mit seinen vielen Antebellum-Anwesen. Ein charmantes B & B weiter nördlich ist Rosswood Plantation C12/13, mit vier Gästezimmern im Herrenhaus einer früheren Baumwollplantage (2513 Red Lick Rd., Lorman, Tel. 601-437-4215; März–Nov., €€). Die Rückfahrt nach **New Orleans** führt dann über den Hwy. 84 und die I-55.

UNTERWEGS IN DEN SÜDSTAATEN

NEW ORLEANS 1 C14

»The Big Easy«, also etwa: die große Leichtigkeit – schon New Orleans' Spitzname zeigt, dass die Stadt so gar nicht in das Klischee amerikanischer Metropolen passen will. Die Kombination aus französischem Savoir-vivre und dem American Way of Life sorgt architektonisch, kulturell und kulinarisch für eine Mischung, die New Orleans zu einer der einzigartigen Stadt machen. Daran konnte auch der verheerende Hurrikan »Katrina« 2005 grundsätzlich nichts ändern. Allerdings sind einige der am stärksten in Mitleidenschaft gezogenen Bezirke, vor allem jene der ärmeren Bevölkerung von New Orleans, auch mehr als ein Jahrzehnt später nicht wieder aufgebaut.

FRENCH QUARTER 9

Dreh- und Angelpunkt von New Orleans ist die Altstadt, die sich über knapp 90 Straßenblocks erstreckt. Die meisten Häuser innerhalb des *Vieux Carré* stehen hier schon seit über 100 Jahren. Abends werden Teile des Viertels zur Fußgänger- und Partyzone. In der **Bourbon Street** buhlen schon am helllichten Tag die Animateure der oft etwas zwielichtigen Lokale um Kunden, Bars locken hier und in der parallel verlaufenden **Royal Street** mit Livejazz und Dauerparty.

Der **Jackson Square** am südlichen Rand des French Quarter ist der zentrale Platz des Viertels. Straßenmusiker, Kleinkünstler und Tarot-Kartenleser hoffen auf die Gunst der Flanierer. Sehenswert ist die **St. Louis Cathedral** A, die mächtige, weiß getünchte Kathedrale im spanischen Stil mit ihren drei schlanken Türmen. Seit 1794 werden hier Messen gefeiert.

Links der Kirche steht das **Cabildo** B, in dem 1803 der Louisiana-Landverkauf an die USA besiegelt wurde. Heute sind hier Geschichtszeugnisse ausgestellt (701 Chartres St., www.louisianastatemuseum.org; Di–So 10–16.30 Uhr).

Am **Besucherzentrum** › S. 130 vorbei gelangt man zum berühmten **Café du Monde** C. Spezialität des Traditionshauses ist seit den 1960ern der Café au Lait, der rund um die Uhr serviert wird. Das Café

Karte S. 131

Straßenjazz im French Quarter von New Orleans

ist Teil des historischen **French Market** Ⓓ, eines lang gezogenen, einstöckigen Baus, in dem seit 1812 Geschäfte gemacht werden.

Gut 300 m von dem Café entfernt legt der nostalgische Schaufelraddampfer »Natchez« zur Fahrt auf dem »Ole Man River« ab (Tel. 504-586-8777, www.steamboatnatchez.com; tgl. 14.30, oft zusätzlich 11.30, im Sommer auch 19 Uhr). Die Natchez entlässt ihre Passagiere dann wieder auf die Mississippi-Uferpromenade, den **Moon Walk** Ⓔ.

Ein Spaziergang in nördlicher Richtung endet am **Farmers Market** Ⓕ, wo Bauern aus dem Umland ihre Produkte feilbieten. In der nahen **Old U.S. Mint** Ⓖ präsentiert das New Orleans Jazz Museum die Geschichte der Musikrichtung (400 Esplanade Avenue, www.nolajazzmuseum.org; Di–So 10–16.30 Uhr).

Ebenfalls einen Besuch wert ist **Blaine Kern's Mardi Gras World:** In den Hallen wird schon an den Motivwagen für den nächsten Mardi Gras › S. 130 gearbeitet (1380 Port of New Orleans Pl., Tel. 504-361-7821, www.mardigrasworld.com; Touren tgl. 9.30–16.30 Uhr).

Zwei stumme Zeugen des alten New Orleans findet man an der Ecke Chartres St./Ursulines Ave.: Das im französisch-kreolischen Stil erbaute **Old Ursuline Convent** Ⓗ gilt als ältestes Haus der Region; Nonnen gründeten hier 1752 die ersten Schulen für Afroamerikaner und Native Americans.

Gegenüber, im **Beauregard-Keyes House** (I) schrieb die Literatin Frances Parkinson Keyes (1885 bis 1970) 40 ihrer Romane (www.bkhouse.org; Mo–Sa 10–15 Uhr).

Und wer die Nerven oder ein Faible für die unheimlichen Geschichte des Voodoo-Kults hat, ist im **New Orleans Historic Voodoo Museum** (J) richtig (724 Dumaine St., Tel. 504-680-0128; tgl. 10–18 Uhr).

Jazzfans mussten zittern, denn die Wiedereröffnung der legendären **Preservation Hall** (K) stand nach dem Hurrikan »Katrina« länger auf der Kippe. Letztlich fanden sich aber Investoren für eine Komplettrenovierung des berühmten Jazzklubs. Und offensichtlich werden sie für ihren Mut belohnt. Heute bietet die Lokalität wieder wie seit den 1960er-Jahren den besten Jazz der Stadt (726 St. Peter St., Tel. 504-522-2841, www.preservationhall.com; tgl. 17–22 Uhr zur vollen Stunde Livejazz).

MARDI GRAS

Wer den Namen New Orleans hört, assoziiert damit sofort die Südstaatenvariante des Karnevals: Obwohl Mardi Gras offiziell am 6. Jan. beginnt, verwandelt sich die partyerprobte Stadt besonders an den zwölf Tagen bis zum »fetten Dienstag«, der auf dasselbe Datum fällt wie der deutsche Faschingsdienstag, in ein farbenfrohes Tollhaus. Die Feierlichkeiten folgen einem strengen Protokoll. Beinahe 50 Paraden, die während dieser Zeit durch die Stadt ziehen, werden von den Karnevalsvereinen, den sog. Krewes, organisiert. Stets führen der »König« des Vereins und eine Kapelle den Umzug an, gefolgt von etwa zwei Dutzend Motivwagen mit gigantischen satirischen Figuren (www.mardigrasneworleans.com). > **mehr S. 16 Punkt 30**

AN DER RIVERFRONT

Etwas außerhalb des alten Viertels gehören zumindest noch folgende Attraktionen zum New Orleans-Besuchsprogramm: Das **Audubon Aquarium of the Americas** (L) mit Unterwasserwelten vom Mississippi über den Amazonas bis zur Karibik in fünf Hauptausstellungshallen ist sicher eines der besten Aquarien des Landes (www.auduboninstitute.org; Di–So 10–17 Uhr).

Etwas weiter am Ufer entlang lädt der **Riverwalk Marketplace** (M) mit über 200 Geschäften und Restaurants zum Bummeln ein (www.riverwalkneworleans.com).

INFO

New Orleans & Company

- 2020 St. Charles Ave. | New Orleans LA 70130 | Tel. 504-566-5011 oder 1-800-672-6124. | www.neworleans.com

VERKEHR

- **Flughafen:** Louis Armstrong International Airport (www.flymsy.com), 24 km westl.; der Airport Downtown Express (E2) fährt in 50 Min. vom Flughafen in die Innenstadt, allerdings nicht allzu häufig.

- **Stadtverkehr:** St. Charles Streetcar (Straßenbahn) zw. Canal St. und Carrollton/Claiborne Aves., Busse der Regional Transit Authority; Infos: www.norta.com.

HOTELS

Bourbon Orleans Hotel €€€

Beliebtes, aufwendig restauriertes Hotel, das einen ganzen Block im French Quarter einnimmt und als eines von wenigen Häusern einen Pool besitzt.

- 717 Orleans St. | Tel. 504-523-2222 www.bourbonorleans.com

Inn on Ursulines €€

B & B in einem um 1840 gebauten Haus mitten im French Quarter. 12 gemütliche, individuell gestaltete Zimmer.

- 708 Ursulines Ave. | Tel. 504-525-8509 www.ursulineguesthouse.com

RESTAURANTS

Court of Two Sisters €€

Traditionsreiches kreolisches Lokal, tgl. außer Mo Jazz-Brunch im Innenhof.

- 613 Royal St. | Tel. 504-522-7261 www.courtoftwosisters.com

A St. Louis Cathedral
B Cabildo
C Café du Monde
D French Market
E Moon Walk
F Farmers Market
G Old U.S. Mint / New Orleans Jazz Museum
H Old Ursuline Convent
I Beauregard-Keyes House
J New Orleans Historic Voodoo Museum
K Preservation Hall
L Audubon Aquarium of the Americas
M Riverwalk Marketplace

Galatoire's €€–€€€
Seit Langem hochgelobt wegen seines Südstaateneintopfs Gumbo, aber auch gutes Seafood. Reservierung empfohlen.
› mehr S. 14 Punkt 15
- 209 Bourbon St. | Tel. 504-525-2021
www.galatoires.com

The Gumbo Shop €€
Serviert fantastische Cajun-Küche und Seafood. Hausspezialität ist der traditionelle Eintopfs Gumbo.
- 630 Saint Peter St. | Tel. 504-525-1486
www.gumboshop.com

AUSFLÜGE

PLANTAGEN IN DER UMGEBUNG

Westlich von New Orleans lohnen drei typische Südstaatenpantagen einen Ausflug. Im Bereich der Ortschaft **Vacherie** 2 C14 findet sich mit **Laura** der für Experten authentischste Versuch, das Leben vor 200 Jahren zu rekonstruieren. Anders als bei den vielen Vorzeigeplantagen ist das meiste hier noch original erhalten (2247 Hwy. 18, www.lauraplantation.com; Führungen tgl. 10 bis 16 Uhr).

Bei aller Authentizität kann Laura nicht mit der berühmten Nachbarplantage **Oak Alley** mithalten – dem stattlichen Anwesen, deren Allee mit mächtigen Eichen den Namen gab (3645 Hwy. 18, www.oakalleyplantation.com; tgl. 9 bis 16.30, März–Okt. Sa/So bis 17 Uhr).

Fast noch schöner ist **Nottoway Plantation** 3 C14 bei White Castle. Den Mittelpunkt der größten und elegantesten Südstaatenplantage bildet das 1859 erbaute weiße Herrenhaus. Mit seinen 42 Zimmern ist es ein gut erhaltener Zeitzeuge und heute auch ein nobles Bed & Breakfast (31025 Hwy. 1, White Castle, Tel. 1-866-527-6884, www.nottoway.com; tgl. 9–16 Uhr; B & B €€).

Nomen est omen – die prächtige Oak Alley Plantation bei Vacherie

SWAMPS UND BAYOUS

Nur 20 km von New Orleans entfernt beginnen die *swamps* (Sümpfe und Marschen) und die *bayous* (kleinen Flussseitenarme), die der Mississippi in seinem riesigen Delta bildet. Die Zahl der Veranstalter, die von den Vororten aus Bootstouren organisieren, ist riesig (Adressen: www.tinyurl.com/m2u2uyv).

Wenn man nach einer Empfehlung für die besten Bayou-Touren fragt, taucht immer wieder das Unternehmen Honey Island Swamp Tours auf. Die Betreiber rühmen sich, umweltfreundliche Ausflüge mit kundigen einheimischen Führern anzubieten. Auf Wunsch wird man auch von seinem Hotel in New Orleans abgeholt (41490 Crawford Landing Rd., Slidell, Tel. 985-641-1769 od. 504-242-5877, www.honeyislandswamp.com).

NATCHEZ 4 B13

In Natchez (16 000 Einw.; www.visitnatchez.org) wohnten vor dem Bürgerkrieg 11 der 13 Millionäre Mississippis. Mit dem Krieg verloren sie auch ihr Vermögen. Was blieb, ist eine Reihe Antebellum-(Vorkriegs-) Häusern, von denen viele zu besichtigen sind. Im Frühjahr und Herbst, während der Spring und der Fall Pilgrimage öffnen sich auch die Tore der Anwesen, die sonst verschlossen sind (Infos und Termine im Visitor Center und unter www.natchezpilgrimage.com).

Das Museum **Grand Village of the Natchez Indians,** wo auch traditionelle Powwows stattfinden, wurde auf einem der Hügel gebaut, in denen der Stamm seine Häuptlinge bestattete (www.tinyurl.com/y9xnfj36, 400 Jefferson Davis Blvd.; Mo–Sa 9–17, So 13.30–17 Uhr).

INFO

Natchez Visitor Center

- 640 S. Canal St. | Natchez | MS 39120
  Tel. 601-446-6345 oder 1-800-647-6724
  www.visitnatchez.com

DIE SCHÖNSTEN PLANTAGEN

- Ein wunderschöner Klassiker typischer Südstaatenarchitektur ist die **Auburn Plantation** B13 in Natchez, heute National Historic Landmark und Museum (400 Duncan Ave., www.auburnmuseum.org; Di–Sa 11–15 Uhr).
- **Lansdowne Plantation** B13 in Natchez ist ausgestattet mit prächtigem Originalmobiliar und Gemälden aus der Antebellum-Zeit (17 Marshall Rd., www.lansdowneplantation.com; Touren Do–Sa 15 u. 15.30 Uhr).
- **Nottoway Plantation** bei White Castle ist sicher eine der imposantesten und elegantesten Südstaatenplantagen. › S. 132
- **Rosedown Plantation** bei St. Francisville ist eine sehr schön rekonstruierte Plantage und heute State Historic Site. › S. 127
- **Boone Hall Plantation** bei Charleston ist eine typische Südstaatenplantage, das Herrenhaus aber eine Rekonstuktion. › S. 141

HOTEL

Monmouth Historic Inn €€–€€€

Die herrschaftliche Villa von 1818 bietet im opulenten Antebellum-Stil eingerichtete Zimmer – auch mit Himmelbetten.

- 1358 John A. Quitman Blvd. Tel.601-442-5852 www.monmouthhistoricinn.com

RESTAURANT

Carriage House €€

Das beliebte Restaurant serviert traditionelle Südstaatenküche in historischem Ambiente im Anwesen Stanton Hall.

- 401 High St. | Tel. 601-445-5151 www.stantonhall.com

VICKSBURG 5 C12

Die kleine Stadt Vicksburg (23 000 Einw.; www.visitvicksburg.com) am Mississippi hat die traurige Ehre, gleichsam Synonym zu sein für die Grausamkeiten des Krieges. Neun Monate lang wurde der strategisch wichtige Posten während des Bürgerkriegs von den Nordstaatentruppen belagert, bei den Kämpfen kamen Tausende Soldaten ums Leben. Bedrückend ist der Besuch des **Vicksburg National Military Park,** eines hügeligen Geländes, in dem sich Nord- und Südstaatler monatelang gegenüberlagen (Visitor Center, 3201 Clay St., www.nps.gov/vick; tgl. 8–17 Uhr).

HOTEL

The Corners Mansion €€

Empfehlenswertes Bed & Breakfast-Anwesen mit schönem Blick auf den Mississippi.

- 601 Klein St. | Tel. 601-636-7421 www.thecorners.com

RESTAURANT

Walnut Hills €€

Gute Südstaatenküche und ausgezeichnete Desserts in viktorianischem Ambiente.

- 1214 Adams S. | Tel. 601-638-4910 www.walnuthillsms.com

MEMPHIS 6 C10

Die Mehrheit der Besucher der Mississippi-Metropole (653 000 Einw.) hat nur ein Ziel: **Graceland,** das einstige Anwesen von Elvis Presley. Hier lebte der »King« mit seiner Familie von 1957 bis zu seinem Tod 1977. Der Hausrundgang zeugt sowohl von den grandiosen Erfolgen als auch vom skurrilen Geschmack des Rock 'n' Rollers. Um Graceland entstand eine Art Elvis-Themenpark (3734 Elvis Presley Blvd., www.graceland.com; Sommer Mo–Sa 9–17, So 9–16, Dez.–Febr. Mi–Mo 10–16 Uhr; Eintritt 39,75–169 $).

Im **Sun Studio** nahm Elvis Presley 1954 seine erste Schallplatte für seine Mutter auf. Für Atmosphäre bei einem Rundgang durch die immer noch genutzten Studios sorgen krächzende Aufnahmen von Muddy Waters, Johnny Cash und Roy Orbison, deren Karrieren hier ebenfalls begannen (706 Union Ave., www.sunstudio.com; tgl. 10–18.15 Uhr, Touren bis 17.30 Uhr jeweils zur halben Stunde).

Das **National Civil Rights Museum** sorgt für einen abrupten Stimmungswechsel. Hier, im ehemaligen Lorraine Motel, wurde Martin Luther King Jr. am 4.4.1968 erschossen. Filme, Bilder und Texte dokumentieren die Stationen von den ersten Sklavenaufständen bis zur Schwarzen Bürgerrechtsbewegung (450 Mulberry St., www.civilrights museum.org; Mi–Mo 9–17 Uhr).

In der einstigen Sklavenmarktstadt erlebte auch die Musik der schwarzen Bevökerung, der Blues, seinen Durchbruch. Eine Büste von W.C. Handy (1873–1958), der mit »Memphis Blues« den ersten Hit dieser Musikrichtung niederschrieb, steht in der **Beale Street,** wo bis tief in die Nacht hinein die Musik der Lokalhelden wie B.B. King aus den Kneipen erklingt.

Weiter Richtung Wolf River Harbour, wird so mancher Besucher an eine Fata Morgana glauben, wenn er eine stahlglänzende, 32-stöckige Pyramide erblickt: **The Pyramid** sollte die Verbundenheit zur namensgebenden altägyptischen Stadt symbolisieren. Einst eine moderne Veranstaltungshalle, ist sie mangels Rentabilität inzwischen zu einer Mall mit Unterhaltungsangebot und Gastronomie umgebaut.

INFO

Memphis Visitor Center

- 3205 Elvis Presley Blvd. | Memphis TN 38116 | Tel. 901-543-5333 www.memphistravel.com tgl. 9–17 Uhr

HOTELS

La Quinta Inn & Suites Memphis Downtown €€

Für ein Haus der 2-Sterne-Plus-Klasse eigentlich unverschämt teuer, dafür aber sind es nach der abendlichen Tour über die Beale Street buchstäblich nur ein paar Schritte bis zum Bett.

- 310 Union Ave. | Tel. 901-522-2383 www.laquintamemphisdowntown.com

The Guest House at Graceland €€–€€€

Das legendäre Heartbreak Hotel ist dauerhaft geschlossen. Eine neue Alternative ist aber das 450-Zimmer-Guesthouse, das mit seinem modernen Charme auch dem King gefallen hätte.

- 3600 Elvis Presley Blvd. Tel. 901-443-300 www.guesthousegraceland.com

AUF DEN SPUREN VON ELVIS

- **Graceland,** Elvis' Anwesen, ist erster und wichtigster Stopp für alle Fans des »King« – fast so etwas wie ein Wallfahrtsort. > S. 134
- **Sun Studio,** der Ort, an dem Elvis die erste Platte aufnahm, lebt gut von seinem prominentesten Kunden. > S. 134
- **American Dream Safari** kurvt auf der »Greatest Hits Tour« mit einem 1955er Cadillac durch Memphis, vorbei an allen wichtigen Elvis-Spots (Tel. 901-527-8870, www.memphistravel.com/american-dream-safari; tgl. 9–17 Uhr).
- Im **Center for Southern Folklore** steht einen Elvis-Schrein mit Münzeinwurf fürs gemeinsame Foto (119 S. Main St., www.southernfolklore.com; Mo–Fr 11–18, Sa 14–23, So 14–20 Uhr).
- **The Guest House at Graceland** feiert den King mit unzähligen Ereignissen und natürlich mit themenbezogener Deko. > oben

Auf gemächlicher Kutschenfahrt durch Downtown Nashville

RESTAURANTS

The Rendezvous €– €€

Memphis ist bekannt für seine Barbecues – hier gibt es angeblich das beste.

• 52 S. 2nd St. | Tel. 901-523-2746
www.hogsfly.com

Corky's €

Das Barbecue ist legendär. Will man es den Einheimischen gleichtun, isst man stilgerecht mit den Fingern im Auto.

• 5259 Poplar Ave. | Tel. 901-685-9744
www.corkysmemphis.com

NASHVILLE 7 D9

Countrymusik aus jeder Bar, coole Typen in Jeans mit riesigen Stetson-Hüten und Cowboy-Stiefeln: Das ist die »Music City USA« (653 000 Einw.) entsprechend ihrem Klischee – zumindest in der **Music Row** (Ecke 16th Ave. S./Demonbreun St.) der Weltzentrale der Countrymusik mit Aufnahmestudios, Musik- und Instrumentenläden, Souvenirshops und Kneipen. › mehr S. 12 Punkt 3

In der **Country Music Hall of Fame** taucht man in die Geschichte des Musikgenres ein, zu sehen sind u. a. Kostüme von Hank Williams und ein goldener Cadillac von Elvis (222 5th Ave. S., www.countrymusichalloffame.org; tgl. 9– 17 Uhr).

Eine weitere Attraktion für Country-Fans ist die altehrwürdige **Grand Ole Opry.** Hier wird seit mehr als 70 Jahren die gleichnamige Radioshow produziert. Natürlich darf ein Museum da nicht fehlen (2804 Opryland Dr., Tel. 615-871-6779, www.opry.com; tgl. 9.30 bis 16 Uhr). Schauplatz der Grand Ole Opry Show 1943–1974 war das **Ryman Auditorium,** eine umgebaute Kirche. Noch heute finden in der sogenannten »Mother Church of Country Music« Konzerte statt (116 5th Ave. N., www.ryman.com; Touren tgl. 9–16.30 Uhr).

INFO

Nashville Visitor Center

- 501 Broadway | Nashville | TN 37203
  Tel. 615-259-4747
  www.visitmusiccity.com

HOTELS

Gaylord Opryland €€€

Aufwendig restauriertes Resorthotel mit Spa, das Atrium ist als tropischer Garten mit Wasserfall gestaltet.

- 2800 Opryland Dr. | Tel. 615-889-1000
  www.gaylordopryland.com

Renaissance Nashville €€€

Bei der Inneneinrichtung des modernen Hauses in Downtown dreht sich alles um das Thema Musik.

- 611 Commerce St. | Tel. 615-255-8400
  www.renaissancehotels.com

RESTAURANTS

Aquarium €€€

Seafood einmal anders: Die Gäste dinieren zwischen zwei riesigen Aquarien und lassen sich von den Fischen beim Essen zuschauen.

- 516 Opry Mills Dr. | Tel. 615-514-3474
  www.aquariumrestaurants.com

LYNCHBURG 8 E10

Die Interstateabfahrt ist die 111, der Highway trägt die Nummer 55 – bei so vielen Schnapszahlen ist das Ziel klar: Die **Jack Daniel's Distillery** 10 in Lynchburg, die berühmteste und älteste eingetragene Whiskeybrennerei Amerikas. Hier geht es fast so zu, wie die Werbung suggerierte: Alle haben viel Zeit, dem Whiskey in den Hunderten Fässern beim Reifen zuzusehen. Eine Kostprobe davon gibt es ausschließlich auf speziellen Destillerie-Touren, denn Lynchburg liegt in einem sogenannten *Dry County* › S. 11, in dem per Gesetz nichts Hochprozentiges ausgeschenkt werden darf (www.jackdaniels.com/de-de/visit-us; tgl. 9–16.30 Uhr).

CHATTANOOGA 9 E10

Dank Glenn Millers Song »Chattanooga Choo-Choo« ist der Name der Stadt (178 000 Einw.) vielen ein Begriff. Sogar neben der größten Attraktion Chattanoogas, dem **Tennessee Aquarium**, ist der Text des Liedes in Steinplatten eingemeißelt. In dem riesigen Aquarium kann man in rekonstruierten Biotopen die Flora und Fauna der unterschiedlichsten Regionen hautnah erleben (1 Broad St., www.tnaqua.org; tgl. 10–18 Uhr).

Der Name ist Programm beim **Lookout Mountain** (600 m): Er bietet eine hervorragende Übersicht über die Region. Die 1895 gebaute **Incline Railway** transportiert die Besucher zur Bergstation. Die Standseilbahn überwindet dabei rekordverdächtige Steigungen von bis zu 72 Prozent (3917 St. Elmo Ave., www.lookoutmountain.com).

› mehr S. 17 Punkt 32

INFO

Chattanooga Visitors Center

Am Shuttle Park North, beim Tennessee Aquarium.

- 215 Broad St. | Chattanooga
  TN 37402 | Tel. 423-756-8687
  www.chattanoogafun.com

HOTEL

Chattanooga Choo-Choo Hotel €€

Für Eisenbahnfreunde das einzig mögliche Hotel, das stilgerecht in einem alten Bahnhof aus dem Jahr 1908 untergebracht ist. Hier dominiert an allen Ecken und Enden das Zug-Thema, es werden sogar Zimmer in historischen Waggons angeboten.

- 1400 Market St. | Tel. 423-266-5000 www.choochoo.com

RESTAURANT

Das **Silver DinerPizza Car** (€) im Chattanooga-Choo-Choo-Komplex › **oben** ist ein typisch amerikanisches Diner im 1950er-Jahre-Stil. Die Imbissauswahl ist zwar klein, das Ambiente in einem historischen Eisenbahnwaggon macht dies aber wett.

ATLANTA 10 F11

Der Zuschlag für die Olympischen Sommerspiele 1996 verwandelte die verschlafen wirkende Südstaatencity Atlanta (486 000 Einw.) zumindest Downtown in eine hektische, selbstbewusste Metropole.

Die meisten Besucher zieht es zuerst in die **World of Coca Cola.** Das populäre Brausemuseum bietet eine amüsante Auseinandersetzung mit dem Phänomen Coca Cola. An einem altmodischen Verkaufsstand mixt ein Angestellter ein Soda, so wie es bis weit ins 20. Jh. hinein üblich war. In einem kleinen Kino laufen in einer Endlosschleife Filme zur berühmtesten Zuckerbrause der Welt, u. a. legendäre Werbespots. Da der Museumsbesuch durstig macht, haben sich die Betreiber für das Ende der Tour etwas Besonderes einfallen lassen: Einen Verkostungsraum, in dem alle Getränkesorten probiert werden können, die die Coca-Cola Company produziert. Ein Tipp: Die südmaerikanischen Tutti-Frutti-Varianten sind nur etwas für Besucher mit starken Mägen. Im dazugehörigen Store findet man allerlei typische rote Souvenirs vom Flaschenöffner bis zur Christbaumkugel (121 Baker St., www.worldofcoca-cola.com; Mo bis Sa 9–17, So 10–17 Uhr, im Sommer länger). › **mehr S. 18 Punkt 39**

Direkt gegenüber erhebt sich der schiffsrumpfförmige Bau des gigantischen **Georgia Aquarium:** Rund 100 000 Tiere aus 500 Arten tummeln sich in Becken mit insgesamt mehr als 30 Mio. Litern Süß- und Salzwasser. Stars sind Walhaie, Belugas und Mantas (225 Baker St., www.georgiaaquarium.org; tgl. 10 bis 17 Uhr; im Sommer und an best. Tagen länger, ab 30,95 $).

Einen nachhaltigen Eindruck hinterlässt der Besuch der **Martin Luther King Jr. Historic Site** 11 mit der kleinen Ebenezer Baptist Church, in der der Reverend predigte (407–413 Auburn Ave.). Im nahen Martin Luther King Jr. Center for Nonviolent Social Change ist der Sarg des 1968 in Memphis ermordeten King aufgebahrt (449 Auburn Ave.). Ein Museum schildert den Werdegang Kings zu einem der bedeutendsten Bürgerrechtler des 20. Jhs. Den Abschluss des King-Distrikts bildet das Geburtshaus des Reverends (501 Auburn Ave., www.nps.gov/malu; tgl. 9–17 Uhr).

Einer prominenten Tochter der Stadt setzt das **Margaret Mitchell**

Im Ocean Voyager des Georgia Aquarium wähnt man sich mitten in der Unterwasserfauna

House ein Denkmal. In dem 1914 im Tudor-Revival-Stil erbauten Haus verfasste die Schriftstellerin bis zu 60 Versionen jedes Kapitels von »Vom Winde verweht« auf einer klapprigen Schreibmaschine (Peachtree/10th Sts., www.atlantahistorycenter.com/mmh; Mo–Sa 10 bis 17.30, So 12–17.30 Uhr, letzte Tour 16.30 Uhr).

Museale Hauptattraktion Atlantas ist das **High Museum of Art.** Der vom US-Architekten Richard Meier entworfene Bau hebt sich mit seinen runden, glatten Flächen aus weißen Emailplatten deutlich von der Umgebung ab. Moderne amerikanische und europäische Kunst bilden den Kern der Ausstellung (1280 Peachtree St. N.E., www.high.org; Di–Sa 10–17, Fr bis 21, So 12 bis 17 Uhr, jeder 3. Fr im Monat bis 22 Uhr mit Livemusik).

INFO

Atlanta Convention & Visitors Bureau

- 233 Peachtree St. | Suite 1400
  Atlanta | GA 30303 | Tel. 404-521-6600
  www.atlanta.net

HOTELS

The Highland Inn €–€€

Um den unverschämten Zimmerpreisen in Downtown zu entgehen, empfiehlt sich dieses Vororthotel – zumindest für Reisende mit Mietauto. Das Inn bietet dabei so manchen Service, der für eine Herberge dieser Kategorie nicht üblich ist (z. B. Wäscherei).

- 644 North Highland Ave. N.E.
  Tel. 404-874-5756
  www.thehighlandinn.com

Indigo Midtown €€

Farbenfrohe, stilvolle Zimmer nahe dem CNN Center. Mit Pool und Gratis-Internet.

- 683 Peachtree St. N.E.
  Tel. 404-874-9200 | www.hotelindigo.com

RESTAURANTS

Canoe €€€

Idyllisch am Ufer des Chatachochee River gelegen, mit Terrasse. Serviert wird natürlich in erster Linie Fisch.

- 4199 Paces Ferry Rd. N.W.
  Tel. 770-432-2663 | www.canoeatl.com

The Varsity Atlanta €

In dieser Fastfood-Ikone sollte man unbedingt die Hot Dogs probieren. Mehr noch als das Kulinarische ist aber das Ambiente des weltgrößten Drive-In für 600 Autos ein Erlebnis – inklusive typischer Singsang-Bestellungen. > **mehr S. 15 Punkt 23**

- 61 North Ave./Spring St.
  Tel. 404-881-1706 | www.thevarsity.com
  So–Do 10.30–22, Fr/Sa 10.30–0.00 Uhr

MONTGOMERY 11 E12

Der Name von Alabamas Hauptstadt (200 000 Einw.) ist untrennbar mit der Bürgerrechtsbewegung verbunden: Die Schwarze Rosa Parks hatte sich 1955 geweigert, einem Weißen ihren Sitzplatz im Bus zu überlassen. Parks' Verhaftung führte zum 381-tägigen Montgomery-Bus-Boykott, bis der US Supreme Court die Trennung von Schwarz und Weiß in öffentlichen Verkehrsmitteln aufhob. Das **Civil Rights Memorial Center** erinnert an die Bewegung (Washington/Hull Sts.; Mo–Fr 9–16.30, Sa 10–16 Uhr).

Besonders stolz ist Montgomery auf seine **Old Alabama Town,** mehr als drei Straßenzüge restaurierter Blockhäuser, die bis zu 170 Jahre alt sind (Eingang 301 Columbus St., www.oldalabamatown.com; Mo–Sa 9–16 Uhr, im Sommer länger).

CHARLESTON 12 G7

Die charmante Stadt (134 000 Einw.) ist gleichermaßen vom Tourismus wie von den hiesigen Militärbasen geprägt. Dennoch fühlt man sich in die Zeit vor dem Bürgerkrieg zurückversetzt, als die Baumwollaristokratie sich hier stolze Anwesen bauen ließ. Ausgangspunkt eines Rundgangs durch das historische Zentrum ist das **Visitor Center** **> unten**. An der Meeting Street befinden sich nicht nur einige der schönsten Häuser der Stadt, sondern auch der **Old City Market** (tgl. 9.30 bis 17.30 Uhr, im Sommer länger).

An ein dunkles Kapitel der Geschichte erinnert das nahe **Old Slave Mart Museum.** In diesem Haus wurden bis 1863 Sklaven an- und verkauft. (6 Chalmers St., www.oldslavemart.org; Mo–Sa 9–17 Uhr).

INFO

Charleston CVB

- 375 Meeting St. | Charleston
  SC 29403 | Tel. 843-724-7174
  www.charlestoncvb.com

HOTEL

King Charles Inn €€

Charmantes Altstadt-Hotel, einige Zimmer mit kleinem Balkon. Üppiges Frühstück.

- 237 Meeting St. | Tel. 843-723-7451
  www.kingcharlesinn.com

RESTAURANTS

Poogan's Porch €€

Beliebt bei Einheimischen und Touristen – alle Liebhaber guter kreolischer Küche.

- 72 Queen St. | Tel. 843-577-2337
  www.pooganspo rch.com

Sticky Fingers Ribhouse €€
Der Name sagt es schon: In dem Ribs- und Barbecue-Restaurant darf getrost auch mit den Händen gegessen werden.
• 235 Meeting St. | Tel. 843-853-7427

AUSFLUG: BOONE HALL PLANTATION G7

So mancher Filmfan kennt wohl die prächtige Südstaatenplantage 13 km nördlich von Charleston. Auf diesem Anwesen wurden Teile von »Fackeln im Sturm« gedreht, außerdem soll das Haupthaus Vorbild gewesen sein für »Tara« in »Vom Winde verweht« – ist aber ein Nachbau, original sind nur die Sklavenhütten. Boone Hall bietet heute rund ums Jahr neben Besichtigungen ein vielseitiges Veranstaltungsprogramm (1235 Long Point Rd., www.boonehallplantation.com; Mo–Sa 9–17, So 12–17 Uhr, im Sommer länger, Jan.–Febr. geschlossen).

SAVANNAH 13 12 H11

In Savannah (146 000 Einw.) wurde 1733 Georgia als 13. und letzte Kronkolonie gegründet. Einer Bürgerinitiative ist zu verdanken, dass es sich nach dem Zusammenbruch des Baumwollmarktes in eine idyllische Vorzeige-Südstaatenstadt mit öffentlichen Grünanlagen und schön restaurierten ehemaligen Herrenhäusern verwandelte.

Die bekanntesten historischen Häuser der Stadt sind das **Davenport House** (324 E. State St.) mit seiner für die damalige Zeit extravaganten, spiralförmigen Treppe sowie das prächtige **Owens-Thomas House** (124 Abercorn St.). In beiden Häusern dokumentieren kleine Museen Savannahs Blütezeit.

Das Leben pulsiert rund um den **City Market** (West Saint Julien St.) mit seinen Geschäften, Restaurants und Galerien sowie in den Cafés und Bars in den ehemaligen Warenhäusern an der Waterfront.

INFO

Visitors Information Center
• 301 Martin Luther King Jr. Blvd.
Savannah | GA 31401
Tel. 912-644-6400
www.savannahvisit.com

OKEFENOKEE SWAMP

14 G12

Der Okefenokee Swamp beeindruckte schon die Indigenen, die das 40 km lange und 60 km breite Sumpfgebiet »Land der zitternden Erde« nannten. Hüpft man auf den bis zu 5 m dicken Torfschichten, wackelt der Boden. Respekt flößen auch die relativ großen Alligatorenbestände ein, zudem bieten die Sümpfe vielen Vogelarten Schutz. Zum **Okefenokee National Wildlife Refuge** gibt es in Georgia vier Zugänge: in Folkston, Race Pond und zwei in Fargo (www.fws.gov/okefenokee). Am Nordrand des Schutzgebietes bietet der private **Okefenokee Swamp Park** u.a. Bootstouren durch die Sümpfe an (U.S. 1 S., www.okeswamp.com; tgl. 9–17 Uhr, im Sommer länger).

EXTRA-TOUREN

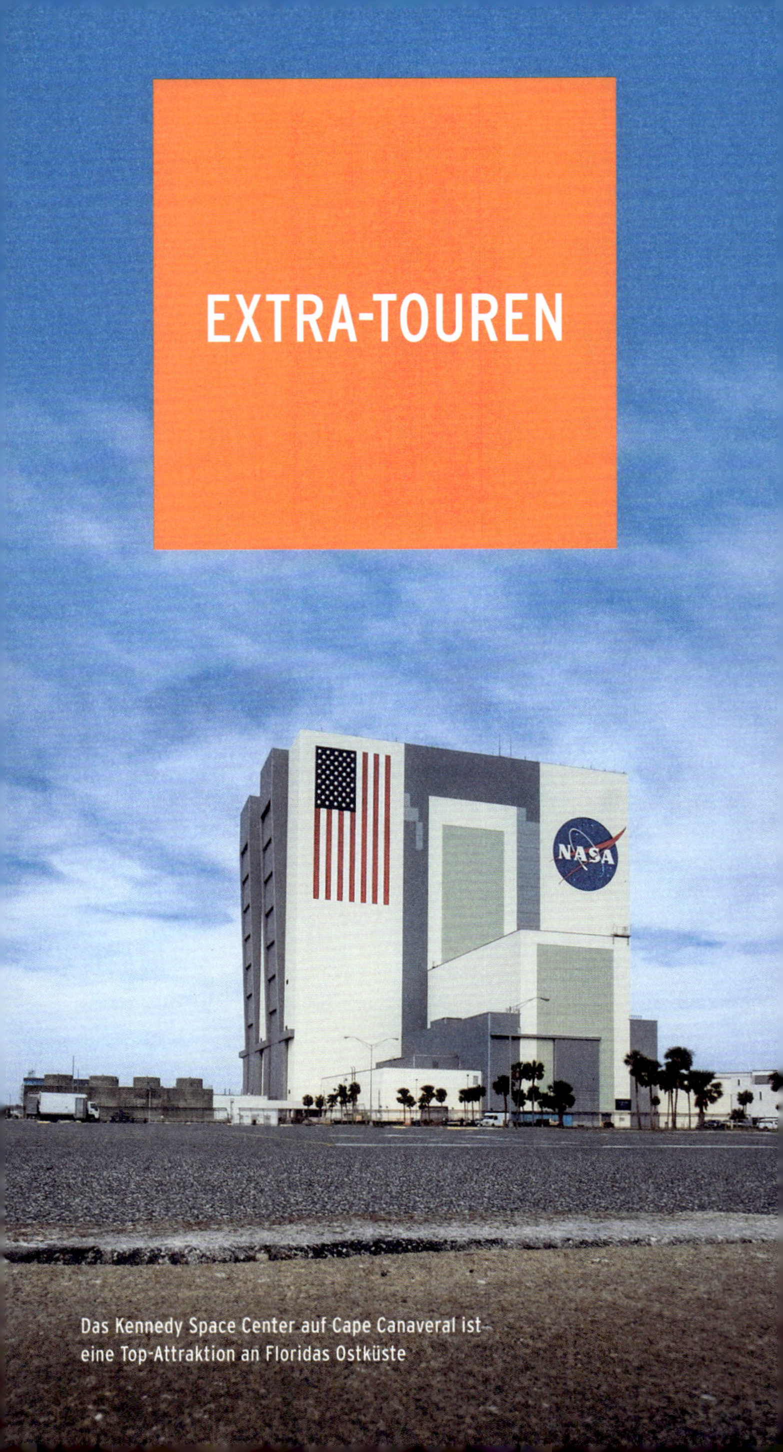

Das Kennedy Space Center auf Cape Canaveral ist eine Top-Attraktion an Floridas Ostküste

TOUR 12

ZWEI WOCHEN DER SONNE ENTGEGEN

ROUTE: New York > Philadelphia > Washington, D.C. > Richmond > Myrtle Beach > Charleston > Savannah > Okefenokee Swamp > St. Augustine > Daytona Beach > Cape Canaveral > Fort Lauderdale > Miami/Miami Beach

KARTE: Klappe hinten
DISTANZEN: **New York** > **Philadelphia** ca. 170 km/2,5 Std.; **Philadelphia** > **Washington** ca. 225 km/2,5 Std.; **Washington** > **Richmond** ca. 175 km/2 Std.; **Richmond** > **Myrtle Beach** ca. 540 km/6 Std.; **Myrtle Beach** > **Charleston** ca. 160 km/2 Std.; **Charleston** > **Savannah** ca. 175 km/2,5 Std.; **Savannah** > **St. Augustine** ca. 295 km/3 Std.; **St. Augustine** > **Daytona Beach** ca. 85 km/1 Std.; **Daytona Beach** > **Cape Canaveral** ca. 120 km/1,5 Std.; **Cape Canaveral** > **Fort Lauderdale** ca. 300 km/3 Std.; **Fort Lauderdale** > **Miami** ca. 50 km/0,5 Std. **Insgesamt** ca. 2295 km/14 Tage
VERKEHRSMITTEL: Nur mit einem Mietwagen lässt sich diese Tour komplett genießen. Zwischen New York, Philadelphia und Washington kann man aber auch gut auf die Eisenbahn zurückgreifen. Bei der Mietwagenbuchung ist zu beachten, dass wegen der Einwegmiete eine Gebühr von 500 $ oder mehr anfällt. Sinnvollerweise bucht man den Wagen auch erst nach der Besichtigung von New York, denn Parkplätze sind hier so teuer wie andernorts Hotelzimmer.

Aufregende Tage in den Großstädten, Erinnerungen an die spannende Geschichte des Landes, Ausspannen an einigen der schönsten Strände Amerikas: Auf dieser Reise ist Abwechslung garantiert. Vom »Big Apple« aus geht es immer nach Süden, bis in Miami quasi das untere Ende des nordamerikanischen Festlands erreicht ist. Zwei Wochen Zeit sollte man sich wegen der vielen Attraktionen unterwegs auf jeden Fall nehmen.

Den Auftakt macht eine ausgedehnte Erkundung von **New York** > S. 60. Für den »Big Apple« sollte man sich mindestens drei Tage Zeit nehmen. Auf der gebührenpflichtigen I-95 durch New Jersey, die als meistbefahrene Straße des Landes gilt, erreicht man **Philadelphia** > S. 69 – gerne als »Wiege der Nation« bezeichnet. Den Grund dafür erfährt man im Independence National Historical Park. Weiter geht es auf der I-95 über Marylands Hauptstadt **Annapolis** > S. 78 nach Süden, wo mit **Washington, D.C.** > S. 73 die Hauptstadt des Riesenlandes wartet, die nicht nur wegen des Weißen Hauses und des Kapitols sehenswert ist.

Auf der I-95 gelangt man nach **Richmond** › S. 79. In der einstigen Hauptstadt der Konföderierten erinnert noch vieles an den Bürgerkrieg. Von hier geht es auf der I-64 Richtung Atlantik. Ein Stopp in **Williamsburg** › S. 79, wo die Kolonialzeit in Erinnerung gerufen wird, ist unbedingt empfehlenswert.

In South Carolinas Golf- und Badeparadies **Myrtle Beach** geht es abends alles andere als ruhig zu, am Highway 17-Bypass werben Restaurants und Theater mit gleißenden Neonreklamen und es herrscht reges Treiben. Am Tag stimmt ein 100 km langer Strand versöhnlich. Das Hotelangebot in der größten Countrymusik-Hochburg außerhalb von Nashville ist üppig.

Im charmanten **Charleston** › S. 140 fühlt man sich zurückversetzt in die Zeit vor dem Bürgerkrieg, als sich hier die Baumwollaristokratie stolze Anwesen bauen ließ. In **Savannah** › S. 141 wurde 1733 Georgia als 13. und letzte Kronkolonie gegründet. Heute präsentiert sich das einstige Baumwollzentrum als idyllische Stadt mit vielen restaurierten Herrenhäusern. Ein lohnender 80-km-Abstecher führt zum **Okefenokee Swamp** › S. 141, ein großes Sumpfgebiet, in dem man gut Alligatoren beobachten kann.

St. Augustine › S. 120 gilt als älteste Ansiedlung der USA. Ein restauriertes spanisches Viertel erweckt den Eindruck, als sei der spanische Eroberer Ponce de León, der hier 1513 das spätere Florida betrat, gerade erst da gewesen. Das mag aber auch daran liegen, dass de León hier den sagenumwobenen Jungbrunnen gefunden haben will.

Der scheint sich tatsächlich eher bei **Daytona Beach** › S. 120 zu befinden. Den Verdacht kann man jedenfalls bekommen, wenn man die Stadt zur gigantischen Studentenparty Spring Break besucht. Außerhalb dieser Saison wartet Daytona Beach mit schönen Stränden auf. Nächstes Highlight ist **Cape Canaveral** › S. 119, wo eine beeindruckende Tour durch das Kennedy Space Center auf dem Programm steht.

Fort Lauderdales langer Sandstrand

Fort Lauderdale markiert das nahe Ende der Reise. Hier schuf der Stadtentwickler Charlie Rhodes in den 1920er-Jahren ein Venedig der Neuen Welt, als er Kanäle ausheben und mit dem Meer verbinden ließ. Heute ist die Stadt für ihre Strände und ihr Nachtleben bekannt.

Gleiches gilt auch für das benachbarte **Miami Beach** › S. 112, dessen berühmter Art Deco District rund 1000 restaurierte Prachtbauten versammelt. Jenseits der Biscayne Bay, in **Miami** › S. 113, kann mann diese Reise in Treffs wie dem Bayfront Park oder Coconut Grove dann ausklingen lassen.

TOUR 13

VOM ATLANTIK ZU DEN GROSSEN SEEN IN ZWEI WOCHEN

ROUTE: Boston › Stockbridge/Berkshire Hills › Ithaca/Finger Lakes › Niagara Falls › Cleveland › Detroit › Chicago

KARTE: Klappe hinten
DISTANZEN: **Boston** › **Stockbridge** ca. 210 km/2,5 Std.; **Stockbridge** › **Ithaca** ca. 350 km/4 Std.; **Ithaca** › **Niagara Falls** ca. 290 km/3,5 Std.; **Niagara Falls** › **Cleveland** ca. 340 km/3,5 Std.; **Cleveland** › **Detroit** ca. 270 km/2,5 Std.; **Detroit** › **Chicago** ca. 450 km/4,5 Std. **Insgesamt** ca. 1910 km/14 Tage
VERKEHRSMITTEL: Bei dieser Tour gibt es keine Alternative zum Mietwagen. Große Teilstücke wie Detroit – Chicago lassen sich zwar auch mit dem Flugzeug zurücklegen, allerdings erheblich auf Kosten des Reisevergnügens. Bei den Reisekosten muss bei Einwegmiete eine Fahrzeug-Rückführungsgebühr einkalkuliert werden.

Vom Atlantik zu den Großen Seen führt diese Tour voller faszinierender Gegensätze: Erst die beschaulichen Neuenglandstaaten, dann die tosenden Niagarafälle und zum Schluss Chicago, die gewaltige Metropole am Lake Michigan. In zwei Wochen ist die Route zwar gut zu schaffen, eine auf drei Wochen veranschlagte Reisedauer verspricht aber mehr Muße unterwegs.

Denn allein für **Boston** › S. 83 sollte man sich drei Tage Zeit nehmen. Hier begegnet man Geschichte auf Schritt und Tritt auf dem Freedom Trail mit Stationen des Weges in die Unabhängigkeit. Die Fahrt durch Neuengland auf der I-90 ist ein Vergnügen für Liebhaber schöner Landschaften. Gleich hinter Boston taucht man ein in das waldreiche Postkartenidyll Neuenglands mit Höhepunkt während des Indian Summer, die einen bis in die **Berkshire Hills** nicht loslässt. Ein Abstecher von deren gemütlichem

Regionalzentrum **Stockbridge** › S. 90 ins Museumsdorf **Hancock Shaker Village** › S. 90 führt in die fremde Welt der asketischen Sekte »United Society of Believers in Christ's Second Appearing«, besser bekannt als Shaker.

Die Weiterfahrt zu den **Finger Lakes** verläuft durch die herrliche Kulisse der Adirondack und Catskill Mountains. Wie Finger erstrecken sich die elf Seen in die Landschaft, wo der Große Geist der Irokesen seine Hand ins Land gepresst haben soll. Am größten der elf Seen, dem Cayuga Lake, liegt **Ithaca,** die Stadt der Wasserfälle. Der Beiname wurde nicht so ganz zu Unrecht vergeben, wie ein Besuch im **Buttermilk Falls State Park** beweist (7 km südlich an der SR 13). Der 16 km lange Wanderweg Circle Greenway führt durch zahlreiche Schluchten mit wildromantischen Kaskaden. Wenn man sich beim Wandern noch nicht genug verausgabt hat, kann man im Statler Hotel übernachten, das zur renommierten Cornell-Universität gehört. Sportbegeisterte finden hier eine Kletterwand, Pools und Tennisplätze (130 Statler Dr., Tel. 607-254-2500, www.statlerhotel.cornell.edu; €€€).

Wer in Ithaca Gefallen an Wasserfällen gefunden hat, wird anschließend den **Niagarafällen** › S. 100 entgegenfiebern. Auf kanadischem Gebiet liegen die schöneren Horseshoe Falls, die American Falls sind aber auch recht imposant – und nicht so überlaufen. An den Großen Seen ist **Cleveland** › S. 101 in Ohio die Metropole der Tour mit ihrem Aushängeschild, der Rock 'n' Roll Hall of Fame. Noch viel stärker als Cleveland macht der Motor Town **Detroit** › S. 102 der Niedergang der US-Autoindustrie zu schaffen. An bessere Zeiten erinnert das Henry Ford Museum im Vorort Dearborn.

Am Ziel **Chicago** › S. 94, rauchen die Schlote der Stahlindustrie schon lange nicht mehr. Die »Windy City« ist heute eine moderne Businessmetropole, in der fast jeder Spitzenarchitekt seine Visitenkarte hinterlassen hat.

Am turbulenten Chicago Navy Pier

TOUR 14

ZWEI WOCHEN AUF DEN STRASSEN DER LIEDER

ROUTE: Chicago > Springfield > St. Louis > Memphis > Vicksburg > Natchez > Baton Rouge > New Orleans

KARTE: Klappe hinten
DISTANZEN: **Chicago** > **Springfield** ca. 320 km/3,5 Std.; **Springfield** > **St. Louis** ca. 160 km/2 Std.; **St. Louis** > **Memphis** ca. 460 km/4,5 Std.; **Memphis** > **Vicksburg** ca. 400 km/4 Std.; **Vicksburg** > **Natchez** ca. 120 km/1,5 Std.; **Natchez** > **Baton Rouge** ca. 150 km/2 Std.; **Baton Rouge** > **New Orleans** ca. 130 km/1,5 Std. **Insgesamt** ca. 1740 km/14 Tage
VERKEHRSMITTEL: Auf den Straßen der Lieder kann man nur mit dem Mietwagen unterwegs sein – schon, weil man mit keinem öffentlichen Verkehrsmittel die Route 66 erleben kann. Für die Einwegmiete Chicago – New Orleans wird eine Fahrzeug-Rückführungsgebühr fällig.

Musik ist die thematische Klammer für die Tour, die aus der Blues-Metropole Chicago über die Jazz- und Blues-Hochburg St. Louis den Mississippi entlang bis zum klassischen Jazz-Zentrum New Orleans führt. Zwei Wochen Zeit sollte man sich für diese Reise nehmen.

Die musikalische Einstimmung auf die Reise beginnt in **Chicago** › S. 94 mit Blues. Nach einer ausgedehnten Stadterkundung steht abends ein Besuch im Nightclub Blue Chicago an, mit der wohl besten Live-Bluesmusik der Stadt. Auf dem Weg von Chicago nach Springfield kann man ein paar Meilen auf der legendären **Route 66** › S. 104 zurückzulegen und einige der Klassiker am Wegesrand bestaunen, wie das legendäre Polk-a-Dot Drive Inn in Braidwood. **Springfield** › S. 106 war lange Zeit Heimat von Abraham Lincoln, in der Altstadt sind zahlreiche Wirkungsstätten von »Abe« zu besichtigen.

Weiter geht's auf der Interstate 55 oder der Route 66 nach **St. Louis** › S. 106. Die auch »Tor zum Westen« genannte Stadt, symbolisiert durch den imposanten Gateway Arch, ist auf dieser Tour eher ein Tor zum Süden. Abends steht ein Besuch im einstigen Lagerhausdistrikt Laclede's Landing oder im Soulard District an, wo Blues und Jazz ertönen.

Salonfähig gemacht wurde der Blues angeblich in **Memphis** › S. 134, dem nächsten Tourenziel. Louis Armstrong bis B. B. King hatten hier in den Kneipen der Beale Street ihre Sessions, aber natürlich ist Memphis hauptsächlich wegen des King of Rock 'n' Roll bekannt: Elvis Presleys Anwesen Graceland ist heute so etwas wie eine Pilgerstätte.

Auf der Weiterfahrt in Richtung Süden sorgt im Städtchen **Vicksburg** › S. 134 der Military Park dafür, dass eine der blutigsten Schlachten des Bürgerkriegs nicht in Vergessenheit gerät. In die Zeit vor den schrecklichen Kämpfen führt ein Besuch von **Natchez** › S. 133, wo prächtige Antebellum-Anwesen erhalten sind, die zum Teil besichtigt werden können. Wer hier vor verschlossenen Herrenhäusern steht, findet zahlreiche weitere herrschaftliche Anwesen bis an den Stadtrand von New Orleans. Fast alle sind zu besichtigen, in vielen, wie der **Oak Alley** oder **Nottoway Plantation** › S. 132, kann man auch die Nacht verbringen – und sich dabei wie Rhett Butler oder Scarlett O'Hara fühlen.

Folkmusik-Klänge der besonderen Art – nämlich Cajun und Zydeco – hört man in **Baton Rouge** architektonisch beeindruckt hier das 34-stöckige State Capitol. Und schließlich endet die Reise, wie sie begonnen hat – mit dem Besuch in einer Musikkneipe. In **New Orleans** › S. 128 hat man aber die Qual der Wahl: Jedes Restaurant, das etwas auf sich hält, jede Bar, die bestehen will, bietet allabendlich Livejazz an.

TOUR 12

STADIEN, STARTRAMPEN UND STRÄNDE IN ZWEI WOCHEN

ROUTE: Atlanta › Charleston › Savannah › Okefenokee Swamp › Daytona Beach › Kennedy Space Center › Orlando › Tampa › Lake City/Osceola National Forest › Atlanta

KARTE: Klappe hinten

DISTANZEN: **Atlanta** › **Charleston** 510 km/6 Std.; **Charleston** › **Savannah** 180 km/2,5 Std.; **Savannah** › **Daytona Beach** 375 km/3,5 Std.; **Daytona Beach** › **Kennedy Space Center** 100 km/1,5 Std.; **Kennedy Space Center** › **Orlando** 95 km/1,5 Std.; **Orlando** › **Tampa** 140 km/1,5 Std.; **Tampa** › **Lake City** 280 km/3 Std.; **Lake City** › **Atlanta** 460 km/4,5 Std. **Insgesamt** ca. 2140 km/14 Tage

VERKEHRSMITTEL: Auch bei dieser Tour ist man mit dem Auto am flexibelsten. Zwar könnte man das erste Teilstück von Atlanta nach Charleston mit dem Flugzeug zurücklegen und erst dann ein Kfz mieten. In diesem Fall handelt es sich jedoch nicht mehr um einen Rundkurs, ein Einweg-Mietaufschlag von bis zu 500 $ kann fällig werden.

Die einstigen Südstaaten hängen nur der Vergangenheit nach? Von wegen! Auf dieser Rundreise durch Teile von Georgia, South Carolina und Florida erlebt man sowohl Romantik wie aus der Zeit vor dem Bürgerkrieg als auch Hightech wie den Weltraumbahnhof von Cape Canaveral. Zwischendurch laden einige schöne Strände zum Verweilen ein, wobei dann die Strecke allerdings nicht in knapp zwei Wochen zu schaffen ist.

Mystische Sonnenuntergangsstimmung mit Zypressen im Osceola National Forest

Schon am Beispiel **Atlantas** › S. 138 zeigt sich, welchen Spagat die Südstaaten versuchen. Zum einen ist man traditionsbewusst und hält das Andenken an die Vor-Bürgerkriegszeit hoch. Zum anderen haben in Atlanta Coca-Cola und der Nachrichtensender CNN ihre Heimat. Martin Luther King Jr., der in Memphis erschossene Bürgerrechtler, hat in einer würdigen Gedenkstätte seine letzte Ruhe gefunden. Die längste Teiletappe dieser Route führt von Atlanta an die Küste, in die liebenswerte Stadt **Charleston** › S. 140 und weiter in die Südstaaten-Vorzeigestadt **Savannah** › S. 141. Zwischen Savannah und St. Augustine besteht die Möglichkeit, einen 80 km langen Abstecher zum **Okefenokee Swamp** › S. 141 zu machen. Das malerische **St. Augustine** › S. 120 ist die älteste ununterbrochen bewohnte Ansiedlung der USA.

Über **Daytona Beach** › S. 120, die Stadt der Autorennen und der Spring Break, geht es nach **Cape Canaveral** › S. 119 zum Kennedy Space Center, dem legendären Weltraumbahnhof. Hier zweigt die Route ab ins Landesinnere nach **Orlando** › S. 116 mit der wohl größten Ansammlung von Vergnügungsparks auf dem Planeten. Selbst wer sich nur auf Walt Disney World konzentriert, ist gut und gerne vier Tage lang voll beschäftigt. Im Schatten von Orlando hat es der auf das Thema Afrika spezialisierte Vergnügungspark Busch Gardens S. 28 in **Tampa** schwer, sich mit seinen atemberaubenden Achterbahnen zu behaupten. Nicht verpassen sollte man hier auch das Florida Aquarium.

Um den Rückweg von Tampa nach Atlanta nicht zu lang werden zu lassen, bietet sich noch ein Zwischenstopp in **Lake City** an. Die unberührte Natur des dortigen **Osceola National Forest** setzt einen erholsamen Kontrapunkt zu den Kunstwelten von Orlando. Nach ausgiebigen Wanderungen darf es statt einer letzten Nacht im Hotel dann auch ein Aufenthalt auf einem der Campingplätze sein.

TOUR 16

ZWEI WOCHEN TRADITION, GESCHICHTE UND MODERNE

ROUTE: New York › New Haven › Newport › Boston › Albany › Ithaca › Niagara Falls › Cleveland › Pittsburgh › Gettysburg › Lancaster/Dutch Country › Reading › Philadelphia › New York

KARTE: Klappe hinten
DISTANZEN: **New York** › **New Haven** 115 km/1,5 Std.; **New Haven** › **Newport** 160 km/2 Std.; **Newport** › **Boston** 131 km/1,5 Std.; **Boston** › **Albany** 270 km/2,5 Std.; **Albany** › **Ithaca** 265 km/3 Std.; **Ithaca** › **Niagara Falls** 265 km/3 Std.; **Niagara Falls** › **Cleveland** 345 km/3,5 Std.; **Cleveland** › **Pittsburgh** 220 km/2,5 Std.; **Pittsburgh** › **Gettysburg** 295 km/3,5 Std.; **Gettysburg** › **Lancaster** 115 km/1,5 Std.; **Lancaster** › **Reading** 50 km/0,5 Std.; **Reading** › **Philadelphia** 90 km/1,5 Std.; **Philadelphia** › **New York** 155 km/1,5 Std. **Insgesamt** ca. 2470 km/14 Tage
VERKEHRSMITTEL: Zum Mietwagen gibt es bei dieser Tour keine Alternative. Wer Teilstücke mit der Bahn oder mit dem Flugzeug zurücklegt, beraubt sich der Flexibilität. Im Amish Country ist man ohne eigenes Fahrzeug ohnehin auf verlorenem Posten.

Zwar sind seit der amerikanischen Staatsgründung noch keine 250 Jahre vergangen, diese Tour zeigt aber innerhalb von etwa 14 Tagen, dass das Land bei aller Modernität viel Wert auf Traditionen und Geschichte legt.

In den oberen Etagen der glasglitzernden Wolkenkratzer von **New York** › S. 60 sitzen mit Sicherheit zahlreiche Führungskräfte, die ihre Karriere in **New Haven** › S. 89 begonnen haben, an der Elite-Uni Yale mit sehenswertem Campus und Kultureinrichtungen.

Ein Traditionelles Urlaubsziel der Führungselite des Landes ist **Newport** › S. 88. Im Atlantikstädtchen entstanden viele bis heute erhaltene prächtige Residenzen nach europäischem Vorbild. Durstig? In der White Horse Tavern, der ältesten Schänke des Landes, werden seit 1673 Gäste bewirtet.

In **Boston** › S. 83 werden die Ereignisse, die zum Aufstand gegen England und zum Unabhängigkeitskrieg führten, an jeder Ecke in Erinnerung gerufen: Auf dem Freedom Trail wandert man auf den Pfaden der Revoluzzer.

Gleich hinter Boston beginnt bei der Weiterfahrt auf der I-90 die waldreiche idyllische Postkartenlandschaft Neuenglands. Das Farbenfestival des berühmten Indian Summer erreicht seinen Höhepunkt in den **Berkshire**

Hills, wo man im altehrwürdigen Red Lion Inn zu **Stockbridge** > S. 90 zumindest einkehren sollte.

Um **Albany,** die Hauptstadt des Bundesstaates New York, kennenzulernen, genügt eigentlich ein Besuch des Rockefeller Empire State Plaza (Madison/State Sts.). Die elf Hochhäuser dienen als Regierungs-, Kultur- und Kongresszentrum und beherbergen Geschäfte und Cafés.

Bis zu den gut 300 km entfernten Finger Lakes begleitet einen die herrliche Kulisse der Adirondack und Catskill Mountains. **Ithaca,** die Stadt der Wasserfälle, hat eine gewisse Berühmtheit erlangt, kann aber natürlich nicht mithalten mit den tosenden **Niagarafällen** > S. 100, einer »der« Touristenattraktionen von Nordamerika.

Philadelphias Elfreth's Alley gilt als die älteste Wohnstraße der USA

Cleveland > S. 101 markiert nach den diversen Naturattraktionen des Streckenabschnitts zwischen Boston und Niagara Falls die vorübergehende Rückkehr in die Großstadt. Musikfans kommen natürlich nicht an der Rock 'n' Roll Hall of Fame vorbei. In der »Steel City« **Pittsburgh,** die sich in der Modernisierung befindet, ergattert man problemlos ein Zimmer für die Nacht. Touristisch hat die einstige Kohle- und Stahlindustriestadt allerdings wenig zu bieten – allenfalls das alte Fort Pitt aus dem 18. Jh., das der Stadt ihren Namen gab. Der Besuch des Forts gibt einen Vorgeschmack auf die nächste Station dieser Reise, **Gettysburg**. Die Kleinstadt steht sinnbildlich für den Irrsinn des Krieges, woran der National Military Park erinnert – nichts für zart Besaitete.

In **Lancaster** > S. 71 und den umliegenden Ortschaften scheint hier und da die Zeit stehen geblieben zu sein: Im Zentrum des Dutch Country leben die gläubigen Amish-People seit Jahrhunderten nach ihren eigenen Werten und ohne den »Segen« der modernen Technik. Nur gut 50 km weiter steht dagegen Konsum pur im Mittelpunkt, in **Reading** > S. 72, das sich großspurig die »Wiege des Outlet Shopping« nennt.

Philadelphia > S. 69 lebt touristisch nicht schlecht vom Ruhm vergangener Tage. Jeder geschichtsbewusste Amerikaner möchte einmal in der Stadt, in der die Verfassung des Landes erarbeitet wurde, dem wirkungsvoll in Szene gesetzten Weg dorthin im historischen Zentrum folgen. Von Philadelphia führt die Tour dann auf der I-95 wieder zurück nach **New York.**

INFOS VON A–Z

ÄRZTLICHE VERSORGUNG

Die ärztliche Versorgung in den USA ist zwar gut, aber teuer. Die gesetzlichen Krankenkassen ersetzen Aufwendungen nicht, daher empfiehlt sich der Abschluss einer Reisekrankenversicherung (inkl. Rückführung bei medizinischer Notwendigkeit). Im Krankheitsfall wird trotzdem um Vorauskasse gebeten.

ALKOHOL

In den meisten Bundesstaaten ist Alkohol erst ab 21 Jahren erhältlich, aber auch deutlich ältere Gäste sollten darauf vorbereitet sein, bei der Bestellungen bzw. dem Kauf von alkoholischen Getränken einen Ausweis präsentieren zu können. Bier und Wein verkaufen Lebensmittelläden, Hochprozentiges bekommt man nur in speziellen *liquor stores*. Alkohl an öffentliche Plätzen oder im Auto zu trinken ist verboten. In sog. *dry counties* ist der Verkauf hochprozentigen Alkohols generell untersagt. > **mehr S. 19 Punkt 46**

BARRIEREFREIES REISEN

Verkehrsmittel sind in den USA ebenso behindertengerecht eingerichtet wie Restaurants, Hotels und öffentliche Gebäude. Diverse Mietwagenfirmen halten speziell ausgerüstete Fahrzeuge für *physically challenged clients* bereit.

DIPLOMATISCHE VERTRETUNGEN

- **Deutsche Botschaft,**
  4645 Reservoir Rd. N.W., Washington, D.C. 20007-1998,
  Tel. 202-298-4000, Fax 298-4249,
  www.germany.info
- **Österreichische Botschaft,**
  3524 International Court N.W., Washington, D.C. 20008-3027,
  Tel. 202-895-6700, Fax 895-6750,
  www.austria.org
- **Schweizer Botschaft,**
  2900 Cathedral Ave., N.W., Washington, D.C. 20008-3499,
  Tel. 202-745-7900, Fax 387-2564,
  www.eda.admin.ch/washington

EINREISE

Für die Einreise in die USA benötigen Deutsche, Schweizer und Österreicher einen mindestens für die Aufenthaltsdauer gültigen, maschinenlesbaren Reisepass mit biometrischen Daten in Chipform (E-Passport). Auch für Kinder jeden Alters ist ein eigener Reisepass erforderlich. Bei einem Aufenthalt bis zu 90 Tagen ermöglicht das Visa Waiver Program (VWP) die visumfreie Einreise. Hierfür müssen sich Touristen, Geschäfts- und Transitreisende mindestens 72 Stunden vor Einreise beim Online-Reisegenehmigungssystem ESTA der US-Regierung registrieren (https://esta.cbp.dhs.gov; 14 $, zahlbar mit Kreditkarte, kann auch über das Reisebüro erfolgen, 2 Jahre gültig). Für einen Aufenthalt über 90 Tagen ist ein Visum erforderlich, das US-Botschaften und -Konsulate ausstellen.

ELEKTRIZITÄT

Die Netzspannung in den USA beträgt 110 Volt Wechselstrom. Die meisten Geräte (Handy, Laptop, Musikspieler) passen sich automatisch daran an. Die wegen abweichender Steckerformen trotzdem erforderlichen Adapter bringt man am besten von zu Hause mit.

FEIERTAGE

New Year's Day (1. Jan.); Martin Luther King Day (3. Mo im Jan.); President's Day (3. Mo im Febr.); Memorial Day (Heldengedenktag; letzter Mo im Mai); Independence Day (Unabhängigkeitstag; 4. Juli); Labor Day (Tag der Arbeit; 1. Mo im Sept.);

Columbus Day (Entdeckung Amerikas; 2. Mo im Okt.); Veterans Day (Soldatengedenktag; 11. Nov.); Thanksgiving Day (Erntedankfest; 4. Do im Nov.); Christmas Day (25. Dez.).

Fällt ein Feiertag auf einen Sonntag, ist der darauffolgende Montag frei.

GELD & WÄHRUNG

Vom US-Dollar ($) sind Banknoten im Wert von 1, 2, 5, 10, 20, 50 und 100 $ im Umlauf. 1 $ ist unterteilt in 100 Cents (¢). Eine gängige Kreditkarte ist für die USA fast unverzichtbar. Sie ist z. B. beim Anmieten eines Kfz zwingend notwendig. Mit EC/Maestro-Karte und PIN kann man an vielen Bankautomaten Geld abheben. Reiseschecks befinden sich auf dem Rückzug.

INFORMATION

Informationen (in Deutsch) und weiterführende Links zu allen Bundesstaaten:

- www.visittheusa.de

In jedem größeren Ort informieren Convention & Visitor Bureaus (CVB) oder Visitor Information Centers, Adressen finden sich bei den jeweiligen Destinationen.

INTERNET

In den USA gibt es quasi überall Internetcafés. Per WLAN kann man sich an öffentlichen Plätzen (z. B. Flughäfen, Bahnhöfen, Büchereien) ins Internet einloggen, auch viele Hotels und Restaurants bieten kostenlosen Internet-Zugang *(free Wi-Fi)*.

KLEIDUNG

Amerikaner sind, was Kleidung anbelangt, in der Regel eher unkompliziert. Mit Jeans und Hemd bzw. Bluse ist man fast immer passend gekleidet. In Restaurants, die auf *formal attire* Wert legen, muss es aber Abendgarderobe sein. Frauen »oben ohne« am Strand sind nicht nur verpönt, sondern dies kann – je nach Bundesstaat – sogar eine Straftat sein.

NOTRUF

Rettungsdienste, Feuerwehr und Polizei sind zentral über die gebührenfreie Notrufnummer »911« erreichbar, auch der Operator (0) verbindet im Notfall. Mitglieder kooperierender Automobilklubs (z. B. ADAC, ÖAMTC, ACS) erhalten Pannenhilfe von der American Automobile Association AAA (Tel. 1-800-AAA-HELP, www.aaa.com).

ÖFFNUNGSZEITEN

Ein Ladenschlussgesetz gibt es in den USA nicht. Viele Läden haben rund um die Uhr geöffnet, bei Einkaufszentren gelten als Kernöffnungszeiten Mo–Sa 10–21 und So 12–18 Uhr.

Banken haben Mo–Do 9–16 und Fr bis 18 Uhr geöffnet, Postämter Mo–Fr 9 bis 17 Uhr, in Großstädten, an Flughäfen und Bahnhöfen oft auch länger.

Für Museen gilt als grobe Orientierung die Zeit zwischen 10 und 17 Uhr; oft ist montags geschlossen.

RAUCHEN

Die USA haben strenge Nichtrauchergesetze, die in einzelnen Bundesstaaten und Städten noch abweichen können. Meistens ist das Rauchen in Restaurants, öffentlichen Gebäuden, Verkehrsmitteln inkl. Taxis, oft auch in Bars und Kneipen strikt verboten. Viele Hotels verfolgen eine *non-smoking policy*. In den anderen sollte man nach einem Raucher-/Nichtraucherzimmer fragen.

URLAUBSKASSE

• Tasse Kaffee:	1–1,50 €
• Softdrink:	1,20–2 €
• Glas Bier:	4–5 €
• Hamburger:	2–5 €
• Kugel Eis:	1,50–2 €
• Taxifahrt (2/20 km, New York):	6/30 €
• Mietwagen/Tag:	ab 50 €

SICHERHEIT

Die USA sind sicherer als ihr Image bzgl. Kriminalität ist – solange man die üblichen Vorsichtsmaßnahmen einhält. Dazu gehört u. a.: Unbelebte Gegenden meiden, größere Mengen Bargeld und Reisedokumente im Safe deponieren, von Pass und Flugschein Fotokopien anfertigen (vgl. dazu auch Sicherheitshinweise z. B. bei www.auswaertiges-amt.de).

TELEFON & HANDY

Die Vorwahl für die USA ist 001. Aus den USA ins Ausland wählt man zunächst 11, dann die Länderkennzahl (49 für Deutschland, 43 für Österreich und 41 für die Schweiz) sowie die Ortsnetzkennzahl ohne »0«. Telefonnummern in den USA sind stets siebenstellig, ergänzt durch eine dreistellige Vorwahl. Um aus dem lokalen ins landesweite Netz zu gelangen, muss eine »1« vorgewählt werden.

Rufnummern mit Vorwahl (1-)800, 888, 877, 866, 855, 844 und 833 sind gebührenfrei (i. d. R. nur bei Telefonaten innerhalb Nordamerikas), bei der 900er-Vorwahl wird es dagegen teuer. Bei allen Fragen hilft der Operator unter der »0« weiter.

Calling cards für öffentliche Telefone gibt es in vielen Geschäften ab etwa 5 $. Beim Nutzen von Smartphones mit europäischen Mobilfunkverträgen fallen in den USA meist erhebliche Roaminggebühren an. Zudem lässt die Mobilfunk-Netzabdeckung außerhalb der Großstädte noch immer sehr zu wünschen übrig. Bei längeren Aufenthalten kann es sinnvoll sein, das Handy mit einer lokalen Prepaidkarte zu bestücken.

ZEITZONEN

Die östlichen Staaten der USA liegen in der Eastern (MEZ –6 Std.) bzw. Central Time Zone (MEZ –7 Std.) › **auch S. 38.**

ZOLL

Gegenstände für den persönlichen Gebrauch können zollfrei eingeführt werden, ferner 200 Zigaretten und 1 Liter alkoholische Getränke und Geschenke im Wert von 100 $. Blumen und frische Lebensmittel (Obst, Wurst) dürfen nicht eingeführt werden. Bei der Wiedereinreise ins Heimatland müssen Souvenirs/Geschenke ab einem Gesamtwert von 430 € bzw. 300 CHF verzollt werden.

MASSE & TEMPERATUREN

Länge
- 1 inch (in.) = 2,54 cm
- 1 foot (ft.) = 12 inches = 30,48 cm
- 1 yard (yd.) = 3 feet = 91,44 cm
- 1 mile (mi.) = 1,609 km

Gewicht
- 1 ounce (oz.) = 28,35 g
- 1 pound (lb.) = 16 ozs. = 453,6 g
- 1 stone (st.) = 14 lbs. = 6,35 kg
- 1 quarter (qr.) = 25 lbs. = 11,339 kg
- 1 hundredweight = 4 qrs. = 45,359 kg
- 1 ton (t) = 2000 lbs. = 907 kg

Volumen
- 1 gill (gl.) = 0,118 Liter
- 1 pint (pt.) = 4 gills = 0,473 Liter
- 1 quart (qt.) = 2 pints = 0,946 Liter
- 1 gallon (gal.) = 4 quarts = 3,785 Liter

Temperatur

14 ° Fahrenheit = –10 ° Celcius
32 ° Fahrenheit = 0 ° Celcius
50 ° Fahrenheit = 10 ° Celcius
59 ° Fahrenheit = 15 ° Celcius
68 ° Fahrenheit = 20 ° Celcius
77 ° Fahrenheit = 25 ° Celcius
86 ° Fahrenheit = 30 ° Celcius

REGISTER

BILDNACHWEIS

Coverfoto: French Quarter, New Orleans, Louisiana, USA © Huber Images/Banks, Jordan
Fotos Umschlagrückseite: Getty Images/ShutterRunner.com/Wolin, Matty (links); Getty Images/Copson, Alan (Mitte); Lookphotos/Frei, Franz Marc (rechts)

Adobe Stock/gnagel: 123; Adobe Stock/jovannig: 86; Adobe Stock/Miragaya, Karel: 9; Adobe Stock/Santa Maria, Carlos: 107; Alamy Stock Foto/Brabyn, David: 15; Alamy Stock Foto/Images-USA: 33; Alamy Stock Foto/Levine, Richard: 14; Alamy Stock Foto/Maumus, Ninette: 16; Alamy Stock Foto/Mira: 80; Alamy Stock Foto/Shields, Martin: 75; Alamy Stock Foto/Stockimo/HR Johnson: 149; Alamy Stock Foto/wonderworldimages: 10; Alamy Stock Foto/ZUMA Press Inc./Cahn, Brian: 103; Alamy Stock Photo/Ian Dagnall Commercial Collection: 89; Alamy Stock Photo/ShootingCompany: 117; Alamy Stock Photo/Smetzer, Don: 104; Bildagentur Huber/Kremer: 66; Chowanetz, Ken: 8 o., 28; Fotolia/Bayda, Andrew: 92; Fotolia/Bernier, Bruno: 64; Getty Images/Dan Reynolds Photography: 124; Getty Images/ShutterRunner.com/Wolin, Matty: 91; Getty Images/Copson, Alan: 18; Getty Images/Greenberg, Jeffrey: 27; Getty Images/Staff/Wilson, Mark: 41; Huber Images/Fantuz, Olimpio: 52/53; Jahreszeitenverlag/Lengler, Gregor: 6/7, 108, 115; Lookphotos/Frei, Franz Marc: 20/21; mauritius images/Alamy/Seligmann, Galit: 36/37; Philadelphia Mills: 50; PHLCVB: 151; Shutterstock/Barrat, Thomas: 47; Shutterstock/Bilous, Jon: 54, 83; Shutterstock/Cam, Orhan: 73; Shutterstock/Chris Parypa Photography: 31; Shutterstock/Don Land: 23; Shutterstock/elesi: 97; Shutterstock/f1 1photo: 136, 139, 146; Shutterstock/Fretschi: 61; Shutterstock/Hackemann, Jorg: 113; Shutterstock/Jaminnbenji: 8 u.; Shutterstock/Lidiia Kozhevnikova: 13; Shutterstock/littlenySTOCK: 57; Shutterstock/Martinez, Conchi: 42; Shutterstock/Pavone, Sean: 132; Shutterstock/Peek Creative Collective: 45; Shutterstock/Peterkin, Ruth: 144; Shutterstock/Rodnev, Vadim: 101; Shutterstock/Rodriguez, Eddie J.: 39; Shutterstock/Samuel Borges Photography: 70; Shutterstock/SandraG: 17; Shutterstock/Simply Photos: 129; Unsplash/Ault, Jahsie: 142.

Liebe Leserin, lieber Leser,
wir freuen uns, dass Sie sich für diesen POLYGLOTT on tour entschieden haben. Unsere Autorinnen und Autoren sind für Sie unterwegs und recherchieren sehr gründlich, damit Sie mit aktuellen und zuverlässigen Informationen auf Reisen gehen können. Dennoch lassen sich Fehler nie ganz ausschließen. Wir bitten Sie um Verständnis, dass der Verlag dafür keine Haftung übernehmen kann.

Ihre Meinung ist uns wichtig. Bitte schreiben Sie uns:
GRÄFE UND UNZER VERLAG
Postfach 86 03 66, 81630 München, Tel. 0 89 / 419 819 41
www.polyglott.de

LESERSERVICE
polyglott@graefe-und-unzer.de
Tel. 0 800 / 72 37 33 33 (gebührenfrei in D, A, CH), Mo–Do 9–17 Uhr, Fr 9–16 Uhr

1. Auflage 2019

Dieses Buch wurde auf chlorfrei gebleichtem Papier gedruckt.
ISBN 978-3-8464-0443-0

Bei Interesse an maßgeschneiderten B2B-Editionen:
gabriella.hoffmann@graefe-und-unzer.de

Verlagsleitung: Grit Müller
Verlagsredaktion: Anne-Katrin Scheiter
Autor: Ken Chowanetz
Redaktion: Christian Steinmaßl
Bildredaktion: Ruth Steinhorst
Mini-Dolmetscher: Langenscheidt
Umschlaggestaltung & Layout:
Independent Medien Design, München
Horst Moser (Artdirection), Lucie Heselich
Karten und Pläne: Theiss Heidolph und Kunth Verlag GmbH & Co. KG
Satz: Tim Schulz, Mainz
Herstellung: Anna Bäumner, Gloria Schlayer
Druck und Bindung:
Printer Trento, Italien

PEFC/18-31-506

Ein Unternehmen der
GANSKE VERLAGSGRUPPE

MINI-DOLMETSCHER ENGLISCH

ALLGEMEINES

Guten Morgen.	Good morning. [gud **mohr**ning]
Guten Tag. (nachmittags)	Good afternoon. [gud äfter**nuhn**]
Hallo!	Hi! [hai]
Wie geht's?	How are you? [hau **ahr**‿ju]
Danke, gut.	Fine, thank you. [**fain, θänk**‿ju]
Ich heiße ...	My name is ... [mai **nehm**‿is]
Auf Wiedersehen.	Bye-bye. [baibai]
Morgen	morning [**mohr**ning]
Nachmittag	afternoon [äfter**nuhn**]
Abend	evening [**ihw**ning]
Nacht	night[nait]
morgen	tomorrow [tu**morr**oh]
heute	today [tu**deh**]
gestern	yesterday[**jes**terdeh]
Sprechen Sie Deutsch?	Do you speak German? [du‿ju spihk **d~~sch~~öhr**mən]
Wie bitte?	Pardon? [**pahr**dn]
Ich verstehe nicht.	I don't understand. [ai **dohnt** ander**ständ**]
Würden Sie das bitte wiederholen?	Would you repeat that please? [wud‿ju ri**piht** ðät, **plihs**]
bitte	please [**plihs**]
danke	thank you [**θänk**‿ju]
Keine Ursache.	You're welcome. [johr **wäll**kamm]
was / wer / welcher	what / who / which [wott / huh / witsch]
wo / wohin	where [wäər]
wie / wie viel	how / how much [hau / hau **matsch**]
wann / wie lange	when / how long [wänn / hau **long**]
Wie heißt das?	What is this called? [**wott**‿**is** ðis **kohld**]
Wo ist ...?	Where is ...? [**wäər**‿is ...]
Können Sie mir helfen?	Can you help me? [kän‿ju **hälp**‿mi]
ja	yes [jäss]
nein	no [noh]
Entschuldigen Sie.	Excuse me. [iks**kjuhs** mi]
Gibt es hier eine Touristeninformation?	Is there a tourist information? [is‿ðər‿ə **tu**ərist infərmehschn]
Haben Sie einen Stadtplan?	Do you have a city map / a list of hotels? [du‿ju häw‿ə **ßit**i mäpp]
Rufen Sie bitte die Polizei.	Please call the police. [**plihs** ðə pə**lihs**]

SHOPPING

Wo gibt es ...?	Where can I find ...? [**wäə** kən‿ai **faind** ...]
Wie viel kostet das?	How much is this? [**hau**‿matsch **is**‿ðis]
Das ist zu teuer.	This is too expensive. [ðis‿is **tuh** iks**pänn**ßiw]
Das gefällt mir (nicht).	I like it. / I don't like it. [ai **laik**‿it / ai **dohnt** **laik**‿it]
Wo ist eine Bank?	Where is a bank? [**wäər**‿is ə‿**bänk**]
Ich suche einen Geldautomaten.	I am looking for an ATM. [aim **luck**ing fər‿ən **ätihem**]
Geben Sie mir zwei Pfund (ca. 900 g) Tomaten.	Could I have two pounds of tomatoes. [kud‿ai häw **tuh** **paunds**‿əw tə**mäi**tohs]
Haben Sie deutsche Zeitungen?	Do you have German newspapers? [du‿ju häw **d~~sch~~öhr**mən **nuhs**pehpers]

ESSEN UND TRINKEN

Die Speisekarte, bitte.	The menu please. [ðə **männ**ju plihs]
Brot	bread [bräd]
Kaffee	coffee [**koffi**]
Tee	tea [tih]
mit Milch / Zucker	with milk / sugar [wið‿**milk** / **schugg**er]
Orangensaft	orange juice [**orr**ənd~~sch~~‿d~~sch~~uhs]
Mehr Kaffee, bitte.	Some more coffee please. [ßəm‿moh **koffi** plihs]
Suppe	soup [ßuhp]
Fisch	fish [fisch]
Meeresfrüchte	seafood [**ßih**fud]
Fleisch	meat [miht]
Geflügel	poultry [**pohl**tri]
Beilage	sidedish [**ßaid**disch]
vegetarische Gerichte	vegetarian food [wäd~~sch~~ə**tär**iən fud]
Eier	eggs [ägs]
Salat	salad [**ßäl**əd]
Dessert	dessert[di**söhrt**]
Obst	fruit [fruht]
Eis	ice cream [ais **krihm**]
Wein	wine [wain]
weiß / rot / rosé	white / red / rosé [wait / räd / **roh**seh]
Bier	beer [bir]
Mineralwasser	mineral water [**minn**rəl wohder]
Ich möchte bezahlen.	The check, please. [ðə **tscheck,** plihs]

MEINE ENTDECKUNGEN

Teilen Sie Ihre Entdeckungen auf facebook.com/Polyglottreisewelt.

CHECKLISTE USA – DER OSTEN

Nur da gewesen oder schon entdeckt?

- [ ] **NEW-ORLEANS-NOSTALGIETOUR**
Ein Erlebnis ist die Fahrt mit dem historischen Schaufelraddampfer »Natchez« – samt herrlicher Stadtperspektiven. › S. 129

- [ ] **NÄCHSTE STATION: WELTALL**
Im Kennedy Space Center feiert sich die NASA. Nicht nur neben der Saturn-V-Mondrakete fühlt man sich ziemlich klein. › S. 119

- [ ] **DER »HEILIGE GRAL« DER USA**
Die Independence Hall in Philadelphia atmet Geschichte: Hier wurde 1776 die Unabhängigkeitserklärung verabschiedet. › S. 70

- [ ] **PILGERSTÄTTE GRACELAND**
»The King of Rock 'n' Roll« ist tot, Elvis' Königreich in Memphis aber besteht fort und lockt jährlich 600 000 Besucher an. › S. 134

- [ ] **ARCHITEKTURIKONE**
Unter den vielen Attraktionen im Osten der USA ragt eine buchstäblich heraus: Das Empire State Building in New York gehört sicher zu den schönsten Art-déco-Bauten weltweit. › S. 65

- [ ] **DER MACHT SO NAH**
Das Weiße Haus kann man, außer mit großem Planungsaufwand, nur von weitem sehen, das Abgeordnetenhaus, das Kapitol, per Führungen auch von innen. › S. 73, 75

- [ ] **CARIBBEAN SUNSET**
Sind das noch die Vereinigten Staaten? Ein Sonnenuntergang in Key West verbreitet karibisches Flair. › S. 115

- [ ] **WHALEWATCHING**
Von Provincetown starten Walbeobachtungsfahrten, man kann sogar seltene Buckelwale sichten. › S. 87

MITBRINGSEL

- **Salz- und Pfefferstreuer** in Cola-Flaschenform von der World of Coca Cola, Atlanta › S. 138
- **Limitierter Kunstdruck mit Zeichentrickmotiv** aus dem Disney Store Orlando › S. 119